Sabine Bock • Thomas Helms

Schlösser und Herrenhäuser auf Rügen

Mit einer Einführung
von
Norbert Buske

D1661733

Edition Temmen

Titelbild: Granitz, Jagdschloß von Nordwesten, Luftaufnahme
Rücktitel: Streu bei Schaprode, Herrenhaus, Baudevise von 1871

© Edition Temmen
Hohenlohestr.21 - 28209 Bremen 1
Tel.: 0421-344280/341727 - Fax 0421-348094

Alle Rechte vorbehalten

Herstellung: Edition Temmen

ISBN 3-86108-408-2

Inhalt

Geschichtliche Einführung

Die Insel Rügen mit ihrer vielfältig gegliederten Küste, den weiß leuchtenden, steil abfallenden Kreidefelsen und den sanft geschwungenen Buchten ist von den Bildern der Reiseprospekte längst allgemein bekannt. Viele Besucher haben sich von den landschaftlichen Reizen dieser größten Insel Deutschlands selbst überzeugt.

Neben den Hotels und Pensionen machen kleine Dörfer mit ihren zum Teil noch rohrgedeckten Häusern neugierig. In den größeren Dörfern und in den Marktflecken, die es nicht geschafft haben, zur Stadt zu werden, stehen urtümlich wirkende Kirchen. Es gilt, die in die Landschaft eingebettete Geschichte zu entdecken. Schon der manchem nicht mehr vertraute Begriff "Flecken" oder "Marktflecken" für eine Mischform zwischen Dorf und kleiner Stadt gibt einen Hinweis auf spezielle geschichtliche Ausprägungen, auf eine vom Festland unter bestimmten Gesichtspunkten abgehobene Entwicklung der Insel.

Wer es nicht beim Anschauen der alten Kirchen, den sich in den Wind duckenden, niedrigen Häusern als den erhalten gebliebenen Zeugnissen der Vergangenheit bewenden lassen will, wer Aufgeschlossenheit in Anteilnahme und Nachdenken umsetzen will, stößt rasch auf weitere Zeugnisse einer reich gegliederten Geschichte, auf die Schlösser und zahlreichen, oft sehr kleinen Guts- und Herrenhäuser.

Zu den frühen Reiseberichten, die Rügen weit über Pommern hinaus bekannt machten, gehört die 1795 erschienene "Reise durch Pommern nach der Insel Rügen und einem Theile des Herzogthums Mecklenburg" des Berliner Oberkonsistorialrates Propst Zöllner. Er schreibt im Blick auf Rügen unter anderem: "Der ganze Strich ist mit adligen Höfen wie besät. Ich sage mit Höfen, nicht mit Dörfern, denn die meisten Güter bestehen bloß aus einem herrschaftlichen Wohnhause und wenigen Wirtschaftsgebäuden, wozu bisweilen noch einige Einlieger-Wohnungen kommen."

Wie ist es zu dieser Siedlungsstruktur auf der Insel gekommen?

Seit dem 6. Jahrhundert wanderten in mehreren Schüben slawische Stämme in den südlichen Ostseeküstenbereich ein. Sie schlossen sich zu Stammesverbänden zusammen. Mit der Herausbildung dieser westslawischen Stammesverbände beginnen sich jene Gebiete abzuzeichnen, in denen sich die späteren Territorialstaaten entwickelten. Diese Gebiete sind bereits um das Jahr 1000 als relativ festgefügt deutlich erkennbar.

Im westlichen Landesteil des heutigen Mecklenburg-Vorpommern, im Gebiet bis zur Recknitz, entwickelte sich der Stammesverband der Obotriten. Aus ihm ging das spätere Herzogtum Mecklenburg hervor.

Dem Stammesverband der Obotriten schloß sich im Osten der Stammesverband der Ranen, der Rügenslawen, an. Zu seinem Gebiet gehörte nicht nur die Insel Rügen, sondern auch das festländische Rügen, das sich östlich der Recknitz wie ein Keil bis in den Raum nördlich von Demmin vorschob. Aus dem Stammesverband der Ranen entstand das spätere Fürstentum Rügen.

Der Stammesverband der Wilzen, später Lutizen genannt, umfaßte den sich südlich anschließenden Raum, das Peene- und Tollensegebiet. Dieser Stammesverband ging in den Kriegen des 12. Jahrhunderts völlig zugrunde. Hier überschnitten sich die Vorstöße von den sächsischen Herzögen aus dem Westen mit den dänischen Vorstößen, die über die Ostsee erfolgten, und den Vorstößen der Pommernfürsten aus dem Osten, aus dem später

Hinterpommern genannten Gebiet. Die Pommernfürsten vermochten sich schließlich gegenüber ihren Konkurrenten zu behaupten. Das Peenegebiet wurde zu einem wichtigen Bestandteil des sich herausbildenden pommerschen Herzogtums.

Die endgültige Eingliederung dieser Gebiete in den Bereich der mittelalterlichen Territorialstaaten wurde mit der Christianisierung der dort lebenden Stammesverbände abgeschlossen. Dabei waren die Fürsten die ersten, die das Christentum annahmen und sich mit den mittelalterlichen Fürsten des Reiches gleichgestellt sahen.

Am längsten vermochten die Ranen, die Rügenslawen, ihre Selbständigkeit zu behaupten. Ihnen war es gelungen, sich im Spannungsfeld zwischen Piratentum und Handel als Mitbeherrscher der südlichen Ostsee durchzusetzen. Die Schiffe, die sie bauten, einige konnten in Ralswiek ausgegraben werden, waren genauso seetüchtig wie die Schiffe der dänischen Wikinger.

Die Ranen waren umworbene Bundesgenossen und gefürchtete Konkurrenten. Solange sie Dänen und Sachsen gegeneinander ausspielen konnten, vermochten sie sich zu behaupten. Als sich jedoch Heinrich der Löwe mit dem dänischen König Waldemar I. über einen gemeinsamen Kriegszug für das Jahr 1168 verständigte, war das Ende der ranischen Selbständigkeit gekommen.

Während die mecklenburgischen und die pommerschen Fürsten als Vasallen Heinrichs von Süden heranrückten, landete Waldemar, begleitet von seinem militärisch gut geschulten Bischof Absalom, bei Schaprode, marschierte nach Arkona und eroberte die Tempelfestung. Nach dem Fall von Arkona gab es keinen weiteren Widerstand auf der Insel. Die Fürsten der Ranen, Tezlaw und Jaromar, nahmen mit ihren Stammesgenossen das Christentum an. Drauthin erhielten sie ihr Fürstentum vom dänischen König zum Lehen. Die pommerschen Fürsten, die sich selbst Hoffnungen auf eine Belehnung mit Rügen gemacht hatten, verließen enttäuscht und unwillig den Heerzug.

Kirchlicherseits wurde das festländische Rügen dem Bistum Schwerin, die Insel dem dänischen Bistum Roskilde zugewiesen. Die Insel wurde mit einem Netz von Kirchspielen überzogen. Der Vertreter des Roskilder Bischofs nahm seinen Sitz bei Ralswiek, einem damals bedeutenden, mit dem Schiff gut erreichbaren Fernhandelsplatz.

Die slawischen Fürsten begannen nun mit dem Auf- und Ausbau ihrer fürstlichen Burgen. Sie orientierten sich dabei an der Tempelfestung Garz. Jaromar, der sich nach der Eroberung der Insel als Alleinherrscher des Fürstentums durchsetzen konnte, baute den Rugard bei Bergen zu einer weiteren Residenz aus. Rasch bildete sich eine Gliederung der Insel in Gardevogteibezirke heraus, die an bereits bestehende slawische Burgwälle anknüpften. Aus der slawischen Führerschaft entwickelte sich das mittelalterliche Vasallensystem mit einer breiten, zunächst noch wenig differenzierten Adelsschicht.

Als in der Schlacht bei Bornhöved 1227 die dänische Vormacht im südlichen Ostseebereich gebrochen wurde, blieb das Fürstentum Rügen unter dänischer Lehnshoheit. Später bezog man diese Lehnshoheit nur noch auf die Insel und nicht mehr auf den festländischen Teil des Fürstentums.

Überlagert wurde die politische Entwicklung durch den in jener Zeit einsetzenden Zustrom deutscher Siedler. Er erfolgte in mehreren Schüben und schwoll in den ersten Jahrzehnten des 13. Jahrhunderts beträchtlich an. Der Siedlerstrom folgte dem Verlauf der Küste und erfaßte bereits im dritten und vierten Jahrzehnt das festländische Rügen und das Peenegebiet. Es entstanden wichtige Handelszentren. Bereits 1234 erhielt Stralsund Stadtrecht.

Auf der relativ dichtbesiedelten Insel Rügen kam es trotz des zunehmenden Einflusses der Stadt Stralsund nur vereinzelt zu geschlossenen deutschen Ansiedlungen. Es treten allerdings im Laufe der Zeit beim Adel immer häufiger deutsche Namen auf. Auch die slawischen Bewohner öffneten sich dem deutschen Einfluß und hatten Anteil an dem mit der Einwanderung verbundenen wirtschaftlichen Aufschwung des gesamten Gebiets. Daher läßt sich, parallel zur deutschen Siedlungtätigkeit im festländischen Rügen, auf der Insel auch eine innerrügische slawische, vom deutschen Adel geförderte Siedlungtätigkeit erkennen.

Im 14./15. Jahrhundert gab es etwa 800 Wohnplätze auf der Insel. Mehr als drei Viertel von ihnen trugen slawische Namen. Das unterscheidet die Insel deutlich vom festländischen Rügen. Deutsche Hagendörfer begegnen nur auf Mönchgut, dem vom Kloster Eldena 1252 erworbenen und wirtschaftlich erschlossenen Teil der Insel.

Die skizzierte Siedlungstruktur der Insel macht verständlich, warum es auf Rügen im Gegensatz zum Festland nur zu einer einzigen mittelalterlichen Stadtgründung kam: dem am Fuße der slawischen Fürstenburg gelegenen, 1316 mit Stadtrecht privilegierten Garz. Trotz der Stadtrechte vermochte Garz nicht voranzukommen und blieb eine kleine Landstadt, die es bis zur Mitte des 18. Jahrhunderts erst auf 700 Einwohner gebracht hatte.

Ausgeglichen wurde der Mangel an Städten durch ein Netz von mit Krügen und Märkten versehenen Dörfern, die sich zu Marktflecken entwickelten. Zu nennen sind hier Gingst, Poseritz, Sagard, Altenkirchen und Bergen. Von ihnen erhielt nur Bergen allerdings erst 1613 das Stadtrecht. Den Städten Saßnitz und Putbus wurden entsprechende Rechte erst 1957 bzw. 1960 zuerkannt.

Die deutsche Einwanderung, im 13. Jahrhundert führte rasch zu einem relativ einheitlichen niederdeutschen Sprach-, Wirtschafts- und Kulturraum. Es kam zu einer Assimilierung der slawischen Bevölkerung. Das gilt mit einer gewissen Verzögerung auch für die Insel Rügen. Bereits Anfang des 14. Jahrhunderts wurde an den slawischen Fürstenhöfen deutsch gesprochen. Der Rügenfürst Wizlaw II. ist als Minnesänger bekannt geworden. Die letzte auf Rügen slawisch sprechende Frau starb um 1400 auf der Halbinsel Jasmund.

Einen Überblick über den rügischen Adel gewinnen wir erst Anfang des 14. Jahrhunderts. Damals gab es auf der Insel 100 bis 150 Vasallen, Ritter und Knappen. Die Gesamtzahl derer, die bewaffnet werden konnten, wird auf 6.000 bis 7.000 geschätzt und gibt einen Hinweis auf die Bevölkerungsdichte der Insel.

Die Wohnsitze des Adels haben wir uns für jene Zeit recht bescheiden vorzustellen. Sie werden sich von den Bauernhäusern nur durch eine etwas bessere Ausstattung unterscheiden haben. Oft gehörten zu einem adligen Besitz mehrere Höfe. Dabei hob sich der eigentliche Sitz, der Wohnhof, nur wenig heraus. Die gleichfalls etwas größeren Höfe der Pfarrer und Kirchherren haben wir uns ähnlich vorzustellen.

Nur zwei der Adelssitze sind in jener frühen Zeit von besonderer Bedeutung, das Haus Putbus - eine Seitenlinie der rügischen Fürsten - und die dänischen Herren in Schaprode. Dort gab es bereits Ende des 13. bzw. Mitte des 14. Jahrhunderts feste Häuser. Die Herren auf diesen beiden Adelssitzen konnten sich den rügischen Fürsten an die Seite stellen. Die Putbusser behaupteten ihren Rang und müssen – das ergibt sich aus den Eheverbindungen – zum Hochadel gerechnet werden. Erst im 15. Jahrhundert kamen einige weitere "feste Häuser" hinzu, die wir uns als Wohntürme vorzustellen haben.

Bei der sogenannten "Grafschaft Streu" handelte es sich um Besitz der Grafschaft Gützkow. Die Gardevogtei Streu war Anfang des 14. Jahrhunderts als Heiratsgut zur Gützkower Grafschaft geschlagen worden, fiel aber auch nach dem Erlöschen des Gützkower Grafengeschlechts in der Mitte des 14. Jahrhunderts wieder an die Herrschaft Putbus zurück.

Mit dem Niedergang des Ritterwesens am Ende des Mittelalters richtete der Adel seine Aufmerksamkeit verstärkt auf die Landwirtschaft und zog – wo sich eine Gelegenheit ergab – in Bauernhöfe ein. Einige der ursprünglichen Wohnsitze wurden wüst.

Die Lehn- und Rittergüter waren inzwischen erblich geworden, konnten aber auch verkauft werden. Wenn kein Sohn vorhanden war, stand es der Tochter frei, das Erbe anzutreten. Sie behielt das Lehen auf Lebenszeit. Danach übernahmen es männliche Verwandte oder es fiel an den Fürsten zurück. Das ergibt sich aus dem von Matthäus v. Normann, Gerichtsschreiber der rügischen Ländvögte im zweiten Viertel des 16. Jahrhunderts verfaßten "Wendisch-Rügianischen Landgebrauch", der in späteren Abschriften erhalten blieb und eine Fülle interessanter Einzelheiten eines oftmals speziellen rügischen Landrechts bietet.

Ein wichtiger Einschnitt in der Geschichte Rügens ergab sich 1325 mit dem Aussterben des rügischen Fürstenhauses. Die Herzöge von Pommern-Wolgast gewannen auf Grund von Erbverträgen das Fürstentum.

Auch das rügische Fürstentum hatte sich – parallel zur Entwicklung in Pommern – trotz deutlicher slawischer Spuren und mancher Beziehungen zu Dänemark zu einem deutschen Territorialstaat gewandelt und einen raschen wirtschaftlichen Aufschwung erlebt. Außer dem bereits umschriebenen Gebiet des Fürstentums konnten sich die Rügenfürsten seit 1270 auch im östlichen Hinterpommern, im Raum Rügenwalde und Schlawe, festsetzen. Die Bezeichnung Rügenwalde liefert hierfür einen deutlichen Hinweis.

Während der Reformation kam es auf der Insel zu keinen besonderen Auseinandersetzungen. Viele der katholischen Kirchherren sind stillschweigend zur neuen Lehre übergetreten. Zunächst blieb die Insel dem evangelisch gewordenen Bistum Roskilde zugeordnet, wurde jedoch Anfang des 17. Jahrhunderts der pommerschen Landeskirche offiziell eingegliedert und der wolgastischen Generalsuperintendentur unterstellt.

Der landwirtschaftliche Besitz des Klosters Eldena auf Mönchgut wurde säkularisiert und zu einer herzoglichen Domäne. Das Nonnenkloster in Bergen wandelten die pommerschen Landstände in ein adliges Fräuleinstift um, das bis 1945 bestand. Die Verwaltung der Insel und das Gerichtswesen blieben in der Hand des rügischen Landvogtes und der Gardevögte. Die niedere Gerichtsbarkeit nahmen die adligen Grundherren wahr. Da auch die Kirche umfangreichen Landbesitz hatte, gab es neben den zahlreichen Gutsgerichten auch eine Reihe von Pastoratsgerichten auf Rügen. Die erste Instanz für den rügischen Adel war das Landgericht in Bergen.

Wesentlich einschneidender als die Reformation war auch für Rügen der Dreißigjährige Krieg, der die Insel wiederholt heimsuchte. Noch während des Krieges starb 1637 das pommersche Herzogsgeschlecht aus. Pommern wurde zum Spielball rivalisierender Mächte. Der Westfälische Friedensvertrag teilte Pommern zwischen dem auf seine Erbverträge pochenden Brandenburg und dem auf seine militärischen Erfolge verweisenden Schweden auf. Brandenburg erhielt Hinterpommern, Vorpommern fiel mit der Insel Rügen an die Krone Schwedens. Sowohl Brandenburg als auch Schweden bestätigten sämtliche Landesprivilegien, unter ihnen die pommersche Kirchenordnung, die Grundlage eines eigenständigen pommerschen Kirchenrechts und die 1634 ausgearbeitete Regimentsverfassung.

Die bestätigten Rechte bildeten für die folgenden anderthalb Jahrhunderte eine feste Klammer für das geteilte Land. Das Festhalten an der pommerschen Kirche und dem pommerschen Recht bewahrte in beiden Landesteilen und damit auch auf Rügen die Landesidentität.

Es war vorauszusehen, daß Schweden und Brandenburg auf Grund ihrer unterschiedlichen europäischen Interessen in militärische Konflikte miteinander verwickelt wurden. Dabei verlor Schweden die südlichen und östlichen Teile Vorpommerns. Die Insel Rügen wurde wiederholt zum Schlachtfeld, blieb aber bis 1815 unter der Krone Schwedens.

Die anfänglich günstige, rechtlich nicht in allen Einzelheiten bestimmte Situation der rügischen Bauern erfuhr seit dem 16. Jahrhundert und dann vor allem während und nach dem Dreißigjährigen Krieg einschneidende Veränderungen. Bereits zum Ausgang des Mittelalters waren die Dienste und Abgaben der Bauern vermehrt worden, im Laufe der 17. Jahrhunderts wurden sie zu einer erdrückenden Last. Es begann das Bauernlegen. Bauernhöfe wurden den Ritterhöfen zugeschlagen. Der Krieg begünstigte diese Entwicklung, da es auf manchen Höfen schließlich keinen Bauern mehr gab, der den Hof bewirtschaftete. So kam es im Verlauf des 17. Jahrhunderts zur Leibeigenschaft. Zwar blieb der Leibeigene vermögensfähig, er war jedoch mit dem Boden, den er bewirtschaftete, so eng verbunden worden, daß er von seiner Grundherrschaft mit dem Boden vertauscht, verpfändet und verkauft werden konnte. Ende des 18. Jahrhunderts waren zwei Drittel der Bevölkerung Rügens Leibeigene.

Parallel zu dieser Entwicklung verlief der Aus- und Aufbau mancher Gutsanlagen. Schon während und dann vor allem nach dem Dreißigjährigen Krieg wurden neue Herrenhäuser errichtet. Verwiesen sei auf das Schloß Spyker, das 1649 nach der Ende der Herrschaft Spyker dem Feldmarschall v. Wrangel, dem ersten schwedischen Generalgouverneur in Schwedisch-Pommern, von der Krone Schwedens zum Lehen gegeben wurde. Auch andere Offiziere konnten adlige Höfe auf Rügen erwerben.

Die Herren auf Putbus erhielten 1650 das Amt eines Erblandmarschalls für die Landstände in Schwedisch-Pommern. In der Folgezeit kam es zu weiteren Umbauten des Putbusser Schlosses, eines der bedeutendsten pommerschen Schlösser. Als 1807 Malte von Putbus gefürstet wurde, entsprach es der Stellung, die das Haus Putbus seit langem einnahm. Der Fürst begann 1810 den Ort Putbus zu einer Residenz, der jüngsten in Deutschland, auszubauen.

Einen für die Geistesgeschichte wichtigen Abschnitt stellt die Zeit der Aufklärung und der Romantik dar. In diesem Zusammenhang muß auch die Insel Rügen genannt werden.

Die zumeist gut dotierten rügischen Pfarrstellen ermöglichten es den Pastoren, sich neben ihrem Beruf mit Literatur und manchen Wissenschaftsbereichen zu beschäftigen. Als ein Vertreter der Aufklärung ließ der Gingster Präpositus Picht bereits 1773 seine zum Aufsichtsbereich der Kirche gehörenden Leibeigenen frei. Die bekannte, eindrückliche Darstellung von Ernst Moritz Arndt, "Versuch einer Geschichte der Leibeigenschaft in Pommern und Rügen", wurde 1802 geschrieben und im Jahr darauf gedruckt.

Auch Vertreter des Adels waren an der Entwicklung des geistigen Lebens auf Rügen beteiligt. Als Beispiel sei der Stralsunder Regierungsrat v. Olthoff genannt, der 1763 Boldevitz erwarb und Räume des Herrenhauses durch den Landschaftsmaler Philipp Hackert ausstatten ließ.

Von denen, die auf der Insel lebten, wurde die Geschichte stets unmittelbar erfahren und erlitten. Was sie – ihren Lebensraum gestaltend – bauten, spiegelt den Lauf der Geschichte anschaulich wieder. Das gilt für die Schlösser und Herrenhäuser in besonderem Maße. Es ist nur ein kleiner Schritt von der vertrauten landschaftlichen Schönheit der Insel zu ihren vielfältigen Schicksalen, die nur wenigen bekannt sind.

Der Weg zu den Schlössern und Herrenhäusern, seitwärts der größeren Straßen, führt in vergessene Bereiche. Selbst für den Fachkundigen wird ein Aufspüren dieser abseits gelegenen Bauzeugnisse unvermutet zur Entdeckungsreise. Trotz der zahlreichen Veröffentlichungen über die Insel blieb dieser Bereich bisher weithin unbeachtet und den Generationen nach dem Ende des Zweiten Weltkrieges unbekannt.

Die vorgelegte Veröffentlichung gibt einen ersten Einblick in die Wiederentdeckung zahlreicher Schlösser und Herrenhäuser. Sie zeigt darüber hinaus, daß Geschichte durchlebt wurde, mit all den bitteren Akzenten, die zu diesem Begriff gehören.

Es bleibt die Feststellung, daß erfahrene Geschichte als ein Wert zu weiterer, zur künftigen Lebensgestaltung begriffen werden kann. Deshalb sind Zeugnisse der Kultur und Geschichte als materielle Erinnerung ein wichtiger Bestandteil unserer Bildung. Die Erhaltung und Pflege dieser Zeugnisse stellt sich als eine Aufgabe dar, die wir für uns selbst und für unsere Kinder wahrzunehmen haben.

Die jüngste Inventarisation der Baudenkmale Rügens wurde in den 30er Jahren begonnen und Ende der 50er Jahre abgeschlossen. Sie liegt seit 1963 in dem von Walter Ohle und Gerd Baier bearbeiteten, 867 Seiten umfassenden Band "Die Kunstdenkmale des Kreises Rügen" gedruckt vor. Seitdem hat es - von einzelnen Bemühungen im kirchlichen Bereich abgesehen - keine Weiterführung der Arbeit auf diesem Gebiet gegeben.

Die im vergangenen Jahr vorgenommene und hier vorgelegte Arbeit zur Erfassung der Schlösser und Herrenhäuser auf Rügen erbrachte das überraschende Ergebnis, daß über die im genannten Inventarband beschriebenen Bauten hinaus zahlreiche weitere Zeugnisse jener einst reichen Kulturschicht - zum Teil allerdings in einem trostlosen Zustand und oft nur noch als Ruinen - erhalten geblieben sind. Die Notwendigkeit einer Bestandsaufnahme ergab sich vor allem aus der aktuellen Gefährdung der Mehrzahl dieser Schlösser und Herrenhäuser.

Zu den hier erstmals behandelten Bauten gehören auch barocke Herrenhäuser und wichtige, zum Teil erhaltene Ausstattungen, deren Vorhandensein bislang nicht registriert wurde. Insgesamt werden 216 Herrenhäuser aufgelistet und unter baugeschichtlichen und denkmalpflegerischen Gesichtspunkten dargestellt. Damit bietet diese Veröffentlichung einen umfassenden Überblick über diesen Bereich der Denkmale auf Rügen.

Zu der seit langem gegebenen Vernachlässigung sind neue Probleme, die die Situation verschärfen, hinzugekommen. Hierzu gehören Besitzveränderungen, unklare Rechtsverhältnisse und Zuständigkeiten, ein ungenügendes Durchgreifen der im Aufbau begriffenen neuen Verwaltung, das zupackende Vorgehen mancher neuen Interessenten sowie Unkenntnis und Gleichgültigkeit der meisten, die im unmittelbaren Umfeld dieser Baudenkmale wohnen. So bricht gerade jetzt vieles zusammen, was bisher noch halbwegs stand. Nach einem jahrzehntelangen, sich langsam abzeichnenden Verfall, droht jetzt der endgültige Verlust mancher dieser Herrenhäuser und Gutsanlagen. Aber voreilige Veräußerungen und unkontrollierte Umbauten gefährden nicht minder, was noch zu retten wäre.

Deshalb verstehen die Autoren ihre Veröffentlichung auch als einen Aufruf zur Hilfe beim Schutz dieses für Rügen so charakteristischen Kulturgutes. Wenn vielleicht auch nicht alles, so kann doch das meiste - wenn man es denn will - gerettet werden.

Levenhagen, April 1993   Norbert Buske

11

Die bauliche Entwicklung der Herrenhäuser und ihr Schicksal nach 1945

Die Entwicklungslinie der Bauformen herrschaftlicher Wohnsitze reicht wesentlich weiter zurück, als es sich anhand erhaltener Beispiele dokumentieren läßt. Mit der Herausbildung des Feudalismus entstanden überall in Europa Burgen als Wohnsitze der grundbesitzenden Herrscher. Auf der Insel Rügen haben sich von diesen frühmittelalterlichen Bauten zumeist nur die stattlichen Wallanlagen erhalten. Die im 11./12. Jahrhundert entstandenen Wälle der Fürsten- und Tempelburgen bei Garz (Charenza), Arkona (Jaromarsburg) und Bergen (Rugard) sind markante Beispiele, die noch heute ein beeindruckendes Bild von der Größe damaliger Machtzentren zu vermitteln vermögen. Aber auch später errichtete Herrenhäuser wie Granskevitz oder Ralow entstanden anstelle solcher frühmittelalterlicher Burgen und es blieben zum Teil bis heute Reste der Wallanlagen erhalten.

Über das Aussehen dieser Burganlagen lassen sich ebenso wie über das der später entstandenen sogenannten "Festen Häuser" nur aufgrund von Grabungsergebnissen, überlieferten schriftlichen Quellen und weniger verbliebener Bauteile Vermutungen anstellen. Auch von den hochmittelalterlichen Bauten haben sich höchstens Mauerteile oder Substruktionen in später veränderten oder umgebauten Herrenhäusern erhalten. So hatten sich aus der Zeit um 1200 ein Mauerzug aus Findlingen und ein großer gemauerter runder Brunnen unter dem Kellerfußboden des 1960 gesprengten Schlosses Putbus erhalten. Sie waren Teile der festen Gebäude innerhalb der slawischen Burgwallanlage. Der dort seit 1371 als "Steinhaus" schriftlich belegte gotische Bau mit seinen starken Wänden wurde erst um 1835 mit Ausnahme einiger im Schloßkeller verbliebener Teile der Außenwände abgebrochen. In Venz integrierte man Ende des 16. Jahrhunderts zwei Geschosse eines mittelalterlichen Wohnturmes in das neu errichtete Herrenhaus.

Abb. 2: Garz, Wall der Fürsten- und Tempelburg Charenza

Erst aus dem Ende des 16. und dem frühen 17. Jahrhundert, der Zeit, in der sich die rügenschen Adelshöfe durch das Legen von Bauern, d.h. die Einziehung von Bauernstellen mit scheinbar unsicheren Besitztiteln, gravierend vergrößerten und auch eine große Zahl neuer Güter entstand, haben sich Bauten so erhalten, daß ihre ursprüngliche Form nachvollziehbar blieb. Zu den Beispielen dieser Zeit gehören unter anderem in ihrem Kern die Herrenhäuser von Boldevitz, Granskevitz, Renz, Spyker, Venz und Üselitz. Es kann davon ausgegangen werden, daß es sich ursprünglich zumeist um zweigeschossige massive Bauten über rechteckigem Grundriß gehandelt hat, die wohl häufig mit zwei parallelen Satteldächern, wie in Boldevitz erhalten und in Üselitz noch erkennbar, versehen waren.

Als die Wehrhaftigkeit der Adelssitze nach dem Dreißigjährigen Krieg zunehmend an Bedeutung verlor und wohl auch häufig stattgefundene Zerstörungen einen baulichen Handlungsbedarf verursacht hatten, wurden viele der Herrenhäuser im Sinne des Barock wieder auf- bzw. umgebaut. Ihre Innenausstattung wurde zum Teil sehr aufwendig ausgeführt wie es zum Beispiel noch die erhaltenen Stuckdecken in Plüggentin und Spyker oder die Deckenmalereien in der Treppenhalle von Lancken belegen. Einen Einzelfall stellt die um 1750 entstandene Gutsanlage in Kartzitz dar. Mit den kleinen pavillonartigen Kavalierhäusern, dem Motiv des Ehrenhofes und der zugehörigen Parkanlage ist sie die Miniaturausgabe eines Rokokoschlosses.

Zwischen 1780 und 1880 kam es abermals zugunsten der adligen Güter zu einem Bauernlegen in größtem Umfang, 144 Dörfer gingen in dieser Zeit wüst, das ist fast die Hälfte aller Totalwüstungen auf der Insel Rügen. Die aufwendigeren Herrenhäuser der im ausgehenden 18. und frühen 19. Jahrhundert auf der Insel Rügen neu entstandenen Gutsanlagen wurden in Formen des Klassizismus errichtet. In dieser Zeit entstand auch unter Verwendung älterer Teile der Neubau des Schlosses Putbus, das bis zu seiner Sprengung als bedeutendster Profanbau der Insel galt. Viele der damals errichteten Herrenhäuser waren aber auch nur sehr einfache Zweckbauten. Errichtet als zumeist eingeschossige Fachwerkkonstruktionen oder verputzte Backsteinbauten, äußerte sich der größere Gestaltungsaufwand gegenüber den damals entstandenen bäuerlichen Wohnhäusern zumeist nur in kleinen Details wie ausgebauten Dachgeschos-

Abb. 3: Zubzow, Altes Herrenhaus vor 1865, Farblithographie

sen, denen ein großes Zwerchhaus, eine breite Gaube oder ein Frontispiz über einem kleinen Mittelrisalit vorgesetzt waren. In ihrem Inneren verfügten sie über eine größere Zahl repräsentativer Wohnräume.

Abermals mit der Neugründung einer Reihe von Gutsanlagen oder durch einen Besitzerwechsel verursacht, entstanden im 19. Jahrhundert vielfach historistisch geprägte Bauten. Aber auch bereits länger bestehende Herrenhäuser wurden entsprechend dem damaligen Zeitgeschmack umgebaut. Zu den besonders bemerkenswerten Beispielen zählen dabei das neue Herrenhaus von Ralswiek ebenso wie die Bauten in Karnitz, Streu, Zubzow und das Jagdschloß Granitz. Seit der letzten Jahrhundertwende nahmen die Herrenhäuser vielfach städtische, villenartige Formen wie in Klein Kubbelkow, Pastitz, Sissow, Varbelvitz oder Wulfsberg an. Aber es entstanden wie in Dwasieden, Neddesitz, Ralswiek oder Semper auch schloßartige Bauten, die vom großen Repräsentationswillen ihrer Bauherren zeugen. Diese verfügten zumeist über sehr großen Grundbesitz und oftmals auch industrielle Anlagen, waren vielfach bürgerlicher Herkunft und wie Graf Douglas in Ralswiek erst im 19. Jahrhundert geadelt worden.

In der 1902 erschienenen Jubiläums-Ausgabe des "Brockhaus' Konversations=Lexikon" wird unter dem Stichwort: "Schloss" der Wohnsitz eines Fürsten oder vornehmen Herrn und zwar im Gegensatz zur Burg als ein solcher Bau verstanden, der nicht zugleich zur Verteidigung eingerichtet ist. Im Gegensatz dazu wird das "Herrenhaus" als das Wohnhaus eines Gutsherren definiert, welches in Verbindung mit dem Gutshof selbst steht. Auf der Insel Rügen können also korrekterweise nur die Wohnbauten der Fürsten zu Putbus als Schlösser bezeichnet werden. Aber auch aus baugeschichtlicher Sicht war das Schloß in Putbus einzigartig, nur hier hatte man bereits um 1600 den schlichten Bautypus verlassen und eine Dreiflügelanlage errichtet. Die Wohnsitze der übrigen Großgrundbesitzer entstanden als vergleichsweise schlichte Herrenhäuser immer im Zusammenhang mit einem zugehörigen landwirtschaftlichen Gutshof. Es ist im Grunde also unzulässig, lediglich die Herrenhäuser vorzustellen, ohne nicht wenigstens in dieser knappen Einleitung auf die zugehörigen Gutsanlagen, d.h. die Wirtschaftsbauten hinzuweisen. Aufgrund der im 19. Jahrhundert gravierend veränderten Anforderungen

Abb. 4: Putbus, Schloß von Nordosten, Lithographie um 1860

in der Landwirtschaft, dem entsprechend anderen Bedarf an Baulichkeiten und dem naturge-
mäß raschen Verschleiß der Bausubstanz insbesondere bei Stallungen, haben sich nahezu keine
der zuvor errichteten Wirtschaftsgebäude erhalten. Die zumeist sehr weiträumig und großzügig
angelegten Gutshöfe bildeten in den meisten Fällen mit dem dominanten Herrenhaus ein
Karree oder ein Hufeisen um den Wirtschaftshof. Oftmals war das Wohnhaus des Grundbe-
sitzers oder das seines Pächters nur durch eine sehr klein gestaltete Freifläche davon
abgegrenzt. Die zumeist stattlichen Stallungen und Scheunen entsprachen in ihrem gestalteri-
schen Aufwand vielfach denen des Herrenhauses. Beispielhaft stehen hierfür die erhaltenen
Bauten in Lancken bei Sagard, Lanckensburg oder Neddesitz. Aber auch wenn es sich nur um
schlichte Fachwerkzweckbauten handelte, bestachen diese durch ihre ausgewogenen Proportionen.
Mit dem Ende des 2. Weltkrieges änderte sich die Situation der Gutsanlagen abrupt, es kam
in den folgenden Jahrzehnten dreimal zu vollständigen Strukturveränderungen in der Landwirtschaft. 1945 wurden die Gutsanlagen durch die Bodenreform in kleinste, oft wirtschaftlich
nicht lebensfähige Parzellen zersplittert, seit 1952 setzte der Prozeß der nur selten freiwilligen
Zusammenschlüsse zu landwirtschaftlichen Produktionsgenossenschaften (LPG) ein, der 1960
abgeschlossen war, und seit 1990 vollzieht sich abermals ein gravierender Wandel.
Bereits seit Ende Januar 1945 war die Insel Rügen wie alle vorpommerschen Kreise Aufnah-
megebiet für Flüchtlinge und Vertriebene aus dem östlichen Hinterpommern geworden und
obwohl viele von ihnen versuchten, weiter westwärts zu gelangen, waren die meisten Ortschaf-
ten hoffnungslos überfüllt. Viele der Flüchtlinge waren auf den Gütern untergekommen.
Zeitgenössische Berichte geben vielfach Auskunft darüber, wie die Eigentümer der Gutsanlagen
unmittelbar nach der kampflosen Besetzung der Insel Rügen durch sowjetische Truppen am
4. Mai 1945 von ihren Besitzungen vertrieben und zum Teil verhaftet wurden. Bereits im Juli
kam verstärkt die Parole "Junkerland in Bauernhand" auf. Als seit dem 5. September 1945 auf
Beschluß der Landesverwaltung von Mecklenburg-Vorpommern eine Bodenreform durchgeführt und auf der Insel Rügen sowohl der Grundbesitz der Fürsten zu Putbus als auch die
Besitzungen der Pommerschen Landgesellschaft und wie im ganzen Land alle Güter über 100

Abb. 5: Lancken (Saßnitz), Wirtschaftsgebäude Ende 19. Jahrhundert

ha sowie der Grundbesitz aktiver Nationalsozialisten unter 100 ha entschädigungslos enteignet wurde, kam es im Kreis Rügen zur Aufteilung von nahezu 62.000 ha landwirtschaftlicher Fläche unter 7542 Bodenbewerbern und vier neu geschaffenen volkseigenen Gütern. Die Eigentümer mußten binnen 24 Stunden ihren bisherigen Besitz verlassen und durften ihren Wohnsitz nicht näher als 30 km davon entfernt nehmen. Nahezu alle bisher noch auf der Insel verbliebenen Grundbesitzer verließen daraufhin zumeist unfreiwillig ihre Güter und die bis dahin von ihnen bewohnten und ebenfalls enteigneten Herrenhäuser. Insbesondere Flüchtlinge wurden zu den neuen Bewohnern dieser nun oft völlig überbelegten Häuser. Der Befehl Nr. 209 der SMAD (Sowjetische Militäradministration in Deutschland) verfügte noch 1945, daß im Bedarfsfall das Baumaterial, das aus abgebrochenen Gutshäusern zu gewinnen war, für die Errichtung von Neubauernhöfen Verwendung finden sollte. Um den Abriß oder Verfall solcher Bauten zu schützen, die als bau- und kunstgeschichtlich wertvoll erachtet wurden, erstellte das Landesamt für Denkmalpflege im Frühjahr 1946 im Auftrag der SMAD eine Liste der wertvollsten Schloß- und Herrenhausbauten. Unter den neunzehn aufgeführten Objekten fand sich allerdings keines aus Vorpommern.

Das weitere Schicksal der nicht so privilegierten Bauten läßt sich für die Insel Rügen exemplarisch am Herrenhaus Tetzitz darstellen. Zunächst von 18 Flüchtlingsfamilien bewohnt, bekamen diese nach und nach anderen Wohnraum. Die letzten Familien zogen vor etwa zwanzig Jahren in zwei unter anderem für sie neu erstellte Wohnblöcke am Ortsrand von Tetzitz. Das vollkommen verwahrloste und der meisten seiner Ausstattungen beraubte Haus wurde keiner anderen Nutzung zugeführt und verfiel zusehends. Heute stellt sich der interessante, 1746 errichtete Bau als ruinöse, zugewachsene Baulichkeit dar, deren Sanierung wohl noch möglich ist, aber aufgrund unklarer Eigentumsverhältnisse und verschiedener angemeldeter Besitzansprüche nicht begonnen werden kann. Dem erwähnten Befehl Nr. 209 fiel das sogenannte Schloß in Dwasieden, ein aufwendiger historistischer Bau, 1873/76 nach Plänen des Berliner Architekten Friedrich Hitzig errichtet und 1944/45 beschädigt, zum Opfer. Er wurde 1948 zur Steingewinnung gesprengt. Das wohl dramatischste Schicksal widerfuhr

Abb. 6: Lobkevitz, Herrenhaus, Photographie von 1982

dem Schloß der Fürsten zu Putbus. Der klassizistische Bau war 1865 abgebrannt und unmittelbar darauf unter Verwendung der erhaltenen Reste in Formen des gründerzeitlich beeinflußten späten Klassizismus wieder aufgebaut worden. Durch Belegung mit militärischen Dienststellen während des Krieges und mangelhafte Pflege waren umfangreiche Reparaturen notwendig geworden. Zu Beginn der 50er Jahre hatte die Staatliche Kommission für Kunstangelegenheiten Mittel zur Verfügung gestellt, die eine gründliche Instandsetzung des Dachstuhls, der Dachdeckung und der Fassaden ermöglichten. Von Seiten des äußeren zuständigen Denkmalamtes wurde in der Folgezeit die Wiederherstellung des Zustandes von 1830 und die völlige innere Neugestaltung für eine Nutzung als Hotel und Kulturhaus vorgeschlagen. Bis 1958 waren die Bauarbeiten soweit fortgeschritten, daß die als störend empfundenen Zutaten der Zeit von 1865 beseitigt waren. Danach trat eine in zeitgenössischen Berichten als augenblicklich bezeichnete Stockung ein, die zu Gerüchten Anlaß gab. Ebenfalls in damaligen Veröffentlichungen wird festgestellt, daß die Unterbrechung der Bauarbeiten aber lediglich durch die Notwendigkeit der Sicherung neuer Mittel bedingt und voraussichtlich nur von kurzer Dauer sei. Doch die Gerüchte erwiesen sich sehr bald als traurige Realität: 1960 wurde das Schloß aufgrund politischer Weisungen gesprengt.

Weniger Mühe machte man sich bei der Zerstörung vieler anderer Herrenhäuser. Nachdem die größte Wohnungsnot beseitigt war und die letzten Bewohner ausgezogen waren, ließ man zum Beispiel die Herrenhäuser in Drigge, Grosow, Güstrowerhöfen, Poissow, Pluckow, Quoltitz und Saalkow leerstehen, so daß sie im Laufe der Zeit in sich zusammenfielen und oftmals als Baumaterialreservoir dienten. Eine förmliche Abrißgenehmigung wurde für keines der Herrenhäuser beantragt bzw. erteilt. Die Gutsanlagen wurden zu Wüstungen. Ein ähnliches Schicksal war beispielsweise auch den schon länger leerstehenden Herrenhäusern in Helle, Lancken, Neuendorf, Polkvitz und Teschvitz vorbestimmt. Auch noch bewohnte Herrenhäuser erfuhren jahrzehntelang nahezu keinen Bauunterhalt und sind in ihrem Bestand akut gefährdet. Die Wirtschaftsgebäude wurden nach der sich seit 1952 vollziehenden Entstehung der Landwirtschaftlichen Produktionsgenossenschaften zumeist dort weiter genutzt, wo eine

Abb. 7: Tetzitz, Neubaublöcke am Ortsrand

solche Anlage anstelle eines früheren Gutes entstand. Fehlender Bauunterhalt führten auch hier im Laufe der Jahre zum weitgehenden Verfall der historischen Gutsgebäude. Oftmals wurden auch aufgrund der Anforderungen an eine industriell betriebene Feld- und Viehwirtschaft neue Bauten errichtet und die Gutsanlagen aufgegeben oder abgerissen. Der sich jetzt vollziehende Strukturwandel stellt die vielleicht größte Gefahr für den Fortbestand der wenigen erhaltenen historischen Wirtschaftsbauten dar, da sie in kaum einem Fall für die intensive moderne Landwirtschaft geeignet scheinen.

In der ersten Veröffentlichung des Mecklenburgischen Landesamtes für Denkmalpflege nach 1945, "Denkmalpflege in Mecklenburg - Jahrbuch 1951/52" , die sich mit dem Gebiet des gesamten Landes, also auch mit dem Bereich Vorpommern beschäftigte, findet sich ein größerer Beitrag über die ehemaligen Guts- und Herrenhäuser. Nach genereller Wertung und Überlegungen zu möglichen Umbauten wurde zusammenfassend festgestellt: "Es unterliegt keinem Zweifel, daß das Gutshaus seine Existenzberechtigung verloren hat mit dem Verschwinden der Klasse, deren Bedürfnissen es gedient hatte. Wo ein solches Gebäude sich nicht durch Umbau den neuen Bedürfnissen anpassen läßt, ist sein Abbruch nur eine Frage der Zeit. Obwohl dieser Zeitpunkt noch nicht erreicht ist, muß aber das Schicksal derjenigen Gebäude bereits jetzt entschieden werden, die in künstlerischer Hinsicht über dem an sich niedrigen Durchschnitt stehen." (Ohle[1]) Für die Schlösser und Herrenhäuser der Insel Rügen darf als Auswahl der als künstlerisch bedeutend erachteten Bauten das 1963 erschienen große Inventarwerk "Die Kunstdenkmale des Kreises Rügen" stehen, das nach wie vor zu Recht als Standardwerk gilt. Mit seiner Erarbeitung hatte man im Amt des Provinzialkonservators der Provinz Pommern bereits vor 1939 in Stettin begonnen. Nach dem kriegsbedingten weitgehenden Verlust des Materials wurde die Arbeit durch das Landesamt für Denkmalpflege neu begonnen und konnte 1954/55 größtenteils abgeschlossen werden. Von den damals noch 213 vorhandenen Schlössern und Herrenhäusern werden 98 als kunst- und kulturgeschichtlich interessante Bauten aufgeführt und beschrieben. Auch die beiden damals bereits gesprengten Häuser in Dwasieden und Putbus fanden Erwähnung, im Falle von Putbus erscheint die ausführliche Würdigung der

Abb. 8: Putbus, Schloß während des Abbruchs, kurz vor der Sprengung, April 1960

18

Baugeschichte und des Bestandes des zur Drucklegung bereits gesprengten Schlosses wie ein Nachruf und eine stille Anklage. Über die folgenden Jahrzehnte, in denen noch 24 der im Inventar vorgestellten und insgesamt 52 Herrenhäuser gänzlich verloren gingen, sowie 7 der damals als kunst- und kulturgeschichtlich bedeutend eingeschätzten Anlagen und insgesamt 14 verfielen und zu Ruinen wurden, liegen kaum publizierte Aussagen vor. In dem 1977 erschienenen Band "Denkmale in Mecklenburg - Ihre Erhaltung und Pflege in den Bezirken Rostock, Schwerin und Neubrandenburg", herausgegeben von der für diese Region zuständige Schweriner Arbeitsstelle des Instituts für Denkmalpflege der DDR, wird in den Berichten zur Denkmalpflege zwischen 1945 bis 1975 zu den fraglichen Objekten auf der Insel Rügen nur die Umnutzung des Herrenhauses in Spyker im Text und das Jagdschloß Karnitz kommentarlos in einem Bild vorgestellt. Summarisch wird festgestellt, daß die Mehrzahl der Schlösser und Herrenhäuser nicht mehr Wohnzwecken dienen, sondern von Institutionen oder kommunalen Einrichtungen genutzt würde. Zumindest für die Insel Rügen trifft diese pauschale Aussage nicht zu. Von den damals noch vorhandenen mehr als 165 Schlössern und Herrenhäusern wurde eines museal genutzt (Granitz), vier dienten als gewerkschaftliche oder betriebliche Ferienheime (Barnkevitz, Bohlendorf, Schmacht und Spyker), in zwei Herrenhäusern befanden sich Altenheime (Kapelle und Ralswiek), vier dienten als Schulgebäude (Maltzien, Patzig-Hof, Ralswiek und Ummanz), eines wurde von den sowjetischen Truppen genutzt (Ranzow) und eines beherbergte eine zentrale Schulungsstätte (Semper). Verwaltungseinrichtungen fanden sich neben Wohnungen in vier Herrenhäusern (Boldevitz, Granskevitz, Gustow und Venz), eine Gaststätte in einem (Karnitz) und in einem eine kleine Ausstellung (Groß Schoritz). Abgesehen von den damals bereits leerstehenden Häusern, wie zum Beispiel denen in Lancken, Pansevitz, Tetzitz und Üselitz wurde also der überwiegende Teil, mehr als 85%, ausschließlich zu Wohnzwecken genutzt. Es ist den erhaltenen Bauten anzusehen, daß der notwendige Bauunterhalt, wenn überhaupt, nur sehr sporadisch durchgeführt und zumeist auf das Minimum beschränkt wurde. Wie bereits festgestellt, nahm und nimmt die Zahl der unbewohnbaren Häuser permanent zu. In seinem einführenden Text zur Ausstellung auf dem

Abb. 9: Pansevitz, Herrenhaus von Osten, Zustand 1982

Jagdschloß Granitz schreibt der Museologe Martin Klette unter der Überschrift "Denkmal-pflege - Kampf oder Krampf": "Der bauliche Zustand vieler historischer Gebäude auf der Insel Rügen ist zum Teil besorgniserregend, verfällt doch mehr als erhalten werden kann. Fehlpla-nungen, eigentumsfeindliche Politik und einzelne publikumswirksame Prestigeobjekte haben in der Vergangenheit gerade die Denkmalpflege in Schwierigkeiten gebracht. In den vergange-nen Jahren wurde u.a. mißachtet, daß gerade die Denkmalpflege auf vielfältige Weise mit der Wirtschaftspolitik verbunden ist. Hilfsprogramme, Sponsoren, Stiftungen, geeignete Eigen-tums- und Unterstellungsverhältnisse sowie Kompetenz in Entscheidungen, fachliche Fertig-keiten und Heimatverbundenheit werden helfen, die derzeitige Misere in der Denkmalpflege zu beseitigen."

Es bleibt zu hoffen, daß dieser Optimismus Früchte trägt, denn für einige der im folgenden und vielfach erstmals vorgestellten Bauten bleibt nicht mehr viel Zeit zu berechtigter Hoffnung auf eine angemessene, denkmalwürdige Sanierung.

Abb. 10: Ranzow, Herrenhaus

20

Schlösser und Herrenhäuser auf Rügen

Altensien
Gemeinde Sellin

Herrenhaus des im 18. Jahrhundert entstandenen Gutes. Eingeschossiger Backsteinbau, Satteldach; im 19. Jahrhundert errichtet, verändert.

Barnkevitz
Gemeinde Altefähr

Herrenhaus des im 17. Jahrhundert entstandenen Gutes. Eingeschossiger verputzter Backsteinbau auf Feldsteinsockel. Krüppelwalmdach; Anfang 19. Jahrhundert errichtet, ursprüngliche Putzgliederung vernichtet.

Benz
Gemeinde Gustow

Herrenhaus des im 17. Jahrhundert entstandenen Gutes. Eingeschossiger, jetzt verputzter Backsteinbau. Krüppelwalmdach; im 19. Jh. errichtet, verändert.

Berglase
Gemeinde Samtens

Herrenhaus des im 17. Jahrhundert entstandenen Gutes. Zweigeschossiger Backsteinbau auf hohem Sockelgeschoß, Mittelrisalit, nach Brand um 1988 verputzt und mit flachem Satteldach versehen; im 19. Jahrhundert errichtet, stark verändert.

Bietegast
Gemeinde Karnitz

Herrenhaus des im 17. Jahrhundert entstandenen Gutes nach 1945 abgerissen.

Bisdamitz
Gemeinde Lohme

Herrenhaus des im 19. Jahrhundert entstandenen Gutes. Eingeschossiger verputzter Bau auf Feldsteinsockel, eineinhalbgeschossiger Mittelrisalit, Fron-

Abb. 11: Bisdamitz, Herrenhaus von Südwesten

21

tispiz und oberes Giebeldreieck Fachwerk; 1912 errichtet.

Blandow

Gemeinde Lohme

Herrenhaus des wohl im 19. Jahrhundert entstandenen Gutes. Schlichter eingeschossiger verputzter Bau mit Satteldach; im 19. Jahrhundert errichtet.

Blieschow

Gemeinde Saßnitz

Herrenhaus des im 16. Jahrhundert entstandenen Nebengutes und späteren Vorwerks zum Gut Dubnitz. Ursprünglich eingeschossiger Backsteinbau mit geputzter Eckrustizierung, Eingangsvorbau, jüngere Aufstockung; im 19. Jahrhundert errichtet.

Bohlendorf

Gemeinde Wiek

Bohlendorf gehört zu den ältesten Gutsanlagen auf der Insel Rügen, bereits 1316 wurde mit Claws Bolenson ein rügenscher Knappe erwähnt, dessen Geschlecht möglicherweise den Ort gründete. Bis zur 1945 erfolgten Enteignung blieb das Gut, das man 1794/96 an die heutige Stelle verlegte und völlig neu aufbaute, im Besitz der Familie von Bohlen. Das Herrenhaus beherbergte danach zunächst Wohnungen und diente in den letzten Jahren als Betriebsferienheim.

Den Kern der Hofanlage bildet das 1793 errichtete Herrenhaus mit den ursprünglich zwei flankierenden Kavalierhäusern, von denen sich aber nur das nördliche in seiner bauzeitlichen Form erhalten hat. Das südliche, 1865 zweigeschossig in Formen der Neorenaissance erneuert, wurde nach 1982 abgerissen. Nach einem Brand mußten

Abb. 12: Bohlendorf, Herrenhaus, Hofseite

Abb. 13: Bohlendorf, Herrenhaus, Inschrift- und Wappentafel am Frontispiz

die Wirtschaftsbauten 1923/24 erneuert werden, gleichzeitig erfolgte eine Renovierung des Herrenhauses.

Der eingeschossige verputzte Bau mit den hochrechteckigen Fenstern und dem Krüppelwalmdach ist hofseitig durch einen zweigeschossigen Mittelrisalit mit Frontispiz gegliedert. In den letzten Jahren verlor das Herrenhaus anläßlich verschiedener Umbauten nahezu alle historischen Ausstattungen und Fassadengliederungen. Erhalten blieb eine Tafel im Giebelfeld des Frontispiz, die mit der Inschrift "1793 HAT ERNST CASIMIR VON BOHLEN (DIESEN HOFF HIR) HER VERLEGT, UND ... (AUF) NEU ERBAUTH" und dem Wappen derer von Bohlen auf Bauzeit und Bauherrschaft hinweist.

Durch den langgestreckten Hof führt eine Allee mehr als 100jähriger Stieleichen zum Herrenhaus. Von dem westlich des Herrenhauses gelegenen Park sind nur noch Reste erkennbar. Ursprünglich war er als barocke Anlage entstanden und im 19. Jahrhundert teilweise im englischen Stiel umgestaltet worden.

Abb. 14: Boldevitz, Herrenhaus von Südwesten
Abb. 15: von Nordosten

Boldevitz

Gemeinde Parchtitz

Das 1314 erstmals erwähnte Dorf gehörte ursprünglich dem Geschlecht derer von Rotermund, die hier auch einen Wohnhof besaßen und in der ersten Hälfte des 17. Jahrhunderts ein neues Herrenhaus errichten ließen. Das Gut wechselte nach dem Aussterben dieser Familie ab 1712 mehrfach den Besitzer. Nach dem Haus Putbus wurde 1762 Baron von Olthoff Eigentümer und seit 1780 befand sich das Gut in der Hand verschiedener Zweige der Familie von der Lancken. Anläßlich der Bodenreform enteignete man das Gut und führte das Herrenhaus verschiedenen, dem Bestand nicht immer zuträglichen Nutzungen zu.

Der Kern des Herrenhauses stammt aus der Zeit um 1635. Beim Bau sollen Steine der abgebrochenen Kirche des wüst gewordenen Dorfes Maschenholz verwendet worden sein. Der dreigeschossige verputzte Backsteinbau mit der Eckquaderung entstand über einem annähernd quadratischen Grundriß. Charakteristisch sind die zwei zur Front parallel laufenden Satteldächer, deren geschweifte Giebel durch kräftige Doppelgesimse gegliedert werden.

Als "kostbar und präsentabel aus Steinen ausgeführt" und mit "inwendig ... über drei Stockwerck gute Gemächer und Appartements wohl meubliert anzutreffen" beschreibt der Chronist Wackenroder in seinem Buch "Altes und Neues Rügen" 1732 das Herrenhaus. Unter Baron Olthoff wurde das Innere umgebaut und die beiden zweigeschossigen Seitenflügel errichtet. Die

25

erhaltenen Stukkaturen des Festsaales stammen ebenso aus dieser Zeit wie die von Philipp Hackert, einem von Olthoff geförderten Landschaftsmaler, der von 1762/64 im Schloß wohnte, für diesen Saal geschaffenen Leinwandtapeten.

Die über dem hofseitigen Mittelportal befindliche Sandsteintafel mit dem Allianzwappen derer von der Lancken-Usedom und die Jahreszahl 1784 deuten auf Umgestaltungen der damals neuen Eigentümer. Nach der 1945 erfolgten Enteignung kam es unter anderem zur Aufteilung des Festsaales und der Auslagerung der wertvollen Tapeten.

Der ursprünglich regelmäßig angelegte und mehrfach umgestaltete Park, in dem einige Bäume aus der Zeit der Errichtung des Herrenhauses stehen blieben, hat sich nur in Resten erhalten. Bestehen blieb die kleine, 1839 erbaute klassizistische Schloßkapelle. Das 1838 entstandene Erbbegräbnis wurde in den letzten Jahren abgerissen.

Borchtitz
Gemeinde Lietzow

Herrenhaus des im 14. Jahrhundert erstmals erwähnten Gutes. Eingeschossiger Fachwerkbau auf Feldsteinsockel, Krüppelwalmdach; Anfang 19. Jahrhundert errichtet, durch Bau des Fährhafens Mukran aufgegeben.

Breesen
Gemeinde Rambin

Herrenhaus des im 17. Jahrhundert entstandenen Gutes. Eingeschossiger verputzter Bau auf hohem Kellergeschoß, Krüppelwalmdach; im 19. Jahrhundert errichtet, verändert.

Breetz
Gemeinde Neuenkirchen

Herrenhaus des im 17. Jahrhundert entstandenen Gutes. Eingeschossiger Backsteinbau mit reetgedecktem Krüppelwalmdach; Mitte 19. Jh. errichtet, nördliche Hälfte unverändert erhalten.

Abb. 16: Breetz, Herrenhaus, Hofseite

Buhlitz

Gemeinde Bergen

Herrenhaus des im 17. Jahrhundert entstandenen Gutes. Standort innerhalb eines Schießplatzes nicht mehr zugänglich; vermutlich abgerissen.

Buschvitz

Herrenhaus des im 16. Jahrhundert entstandenen Gutes. Eingeschossiger verputzter Backsteinbau auf Feldsteinsockel, Krüppelwalmdach, bauzeitliche Haustür mit vorgelagerter Freitreppe; im 19. Jahrhundert errichtet.

Bußvitz

Gemeinde Dreschvitz

Herrenhaus des im 19. Jahrhundert entstandenen Gutes. Eingeschossiger verputzter Bau auf Feldsteinsockel, Satteldach, hofseitig mittiges Zwerchhaus mit Dreiecksgiebel; im 19. Jahrhundert errichtet, verändert.

Dalkvitz

Gemeinde Zirkow

Herrenhaus des im 19. Jahrhundert entstandenen Gutes. Zweieinhalbgeschossiger Backsteinbau auf Sockel, kleiner Eingangsvorbau, flaches Satteldach; Ende 19. Jahrhundert errichtet.

Darsband

Gemeinde Putbus

Herrenhaus des wohl im 16. Jahrhundert entstandenen Gutes. Eingeschossiger Fachwerkbau mit hofseitig vorgeblendeter verputzter Backsteinfassade, zweigeschossiger Mittelrisalit mit Frontispiz, hohes Mansarddach, Haustür, Treppe sowie einige Fenster und Innentüren bauzeitlich; Ende 18. Jahrhundert errichtet, seit etwa 1960 ungenutzt und im Verfall.

Darz

Gemeinde Zirkow

Herrenhaus des wohl im 14. Jahrhundert entstandenen Gutes. Zweigeschossiger Backsteinbau auf hohem Feldsteinsockel,

Abb. 17: Darsband, Herrenhaus, Hofseite

Satteldach, bauzeitliche Haustür; Ende 19. Jahrhundert errichtet.

Datzow
Gemeinde Poseritz

Herrenhaus des im 18. Jahrhundert entstandenen Gutes. Eingeschossiger Backsteinbau über hohem Souterraingeschoß, Frontispiz, Krüppelwalmdach; im 18. Jahrhundert errichtet, 1987/88 abgerissen.

Dolgemost
Gemeinde Putbus

Herrenhaus des wohl im 19. Jahrhundert entstandenen Gutes. Eingeschossiger Fachwerkbau mit Backsteinfassade, Satteldach; im 19. Jahrhundert errichtet, eingreifend verändert.

Döllahn
Gemeinde Bergen

Herrenhaus des erst 1846 entstandenen Gutes durch Lage in einem Sperrgebiet nicht zugänglich.

Drammendorf
Gemeinde Rambin

Herrenhaus des wohl im 17. Jahrhundert entstandenen Gutes. Eingeschossiger, verputzter Backsteinau auf hohem Feldsteinsockel, Krüppelwalmdach; im 19. Jahrhundert errichtet, verändert.

Dranske-Hof
Gemeinde Dranske

Herrenhaus des wohl im 18. Jahrhundert entstandenen Gutes. Eingeschossiger Fachwerkbau auf Feldsteinsockel, Satteldach; um 1820 errichtet, nach 1960 abgerissen.

Drigge
Gemeinde Gustow

Herrenhaus des wohl im 17. Jahrhundert entstandenen Gutes. Eingeschossiger Backsteinbau auf hohem Bruchsteinsockel, Krüppelwalmdach, rückwärtig zweigeschossiger älterer Fachwerkbau, Satteldach; um 1850 errich-

Abb. 18: Darz, Herrenhaus, Gartenseite

28

tet, nach 1960 mit Ausnahme des Sok-
kels abgängig.

Dubkevitz
Gemeinde Ummanz

Herrenhaus des wohl im 14. Jahrhundert entstandenen Gutes. Zweieinhalbgeschossiger verputzter Backsteinbau,
Mittelrisalit, hofseitiger Mitteleingang
mit Uhr im gesprengten Giebel, älteres
plastisches Allianzwappen unter abge-
tragenem Frontispiz, Eckrustizierung,
einige Kreuzstockfenster mit handge-
schmiedeten Beschlägen, Satteldach;
wohl im 18. Jahrhundert errichtet, im
19. Jahrhundert umgebaut.

Dubnitz
Gemeinde Saßnitz

Herrenhaus des wohl im 15. Jahrhundert entstandenen Gutes. Eineinhalbgeschossiger Backsteinbau mit Pilaster-
gliederung auf hohem Feldsteinsockel,
hofseitiger Mittelrisalit, Satteldach;
Ende 19. Jahrhundert errichtet.

Dumgenevitz
Gemeinde Kasnevitz

Herrenhaus des wohl im 17. Jahrhundert entstandenen Gutes. Eingeschossiger verputzter Bau, zweigeschossiger

*Abb. 19: Dubkevitz,
Herrenhaus, Mittelrisalit
der Hofseite
Abb. 20: Dubnitz,
Herrenhaus, Hofseite*

29

Mittelrisalit mit Frontispiz, Krüppelwalmdach; im 19. Jahrhundert errichtet, stark verändert.

Dummertevitz

Gemeinde Lancken-Granitz

Herrenhaus des 1762 entstandenen
Vorwerks zum Gut Gobbin. Einge-
schossiger Backsteinbau auf hohem
Feldsteinsockel, zweigeschossiger Mit-
telrisalit mit Frontispiz, Satteldach;
Anfang 20. Jahrhundert errichtet.

Dumsevitz

Gemeinde Bergen

Herrenhaus des wohl im 14. Jahrhundert entstandenen Gutes. Zweigeschossiger verputzter Bau auf Feldsteinsok-
kel, Krüppelwalmdach; im 19. Jahrhundert errichtet, verändert.

Dumsevitz

Gemeinde Groß Schoritz

Herrenhaus des wohl im 17. Jahrhundert entstandenen Gutes. Eineinhalbgeschossiger stark gegliederter Backsteinbau auf hohem, geböschten und
rustizierend verputztem Feldsteinsok-
kel, Satteldach mit Ausbauten; Anfang
20. Jahrhundert errichtet, Haupteingang verändert.

Dußvitz

Gemeinde Dreschvitz

Herrenhaus des wohl im 17. Jahrhundert entstandenen Nebengutes zum
Gut Ralow. Eingeschossiger Fachwerkbau auf hohem Feldsteinsockel, Krüppelwalmdach; um 1800 errichtet, nach
1960 abgerissen.

Dwasieden

Gemeinde Saßnitz

Herrenhaus ("Schloß") des Eigentümers
des benachbarten Gutes Lancken. Aufwendiger historistischer Bau, 1873/76
nach Plänen des Berliner Architekten
Friedrich Hitzig errichtet, 1944/45 beschädigt und 1948 zur Steingewinnung
gesprengt. Weiträumiger Park.

Fährhof

Gemeinde Wiek

Herrenhaus des nach 1760 zu Bohlendorf entstandenen Nebengutes; nach
1960 abgerissen.

Fernlüttkevitz

Gemeinde Putgarten

Herrenhaus des wohl im 19. Jahrhundert entstandenen Gutes. Eineinhalbgeschossiger Backsteinbau auf hohem
Feldsteinsockelgeschoß, auskragendes
flaches Satteldach; Ende 19. Jahrhundert errichtet.

Frankenthal

Gemeinde Samtens

Herrenhaus des wohl im 16. Jahrhundert entstandenen Gutes. Eingeschos-
ger Fachwerkbau mit vorgesetzter verputzter Backsteinfassade auf Feldsteinsockel, Satteldach mit stehenden Gauben; im 19. Jahrhundert errichtet, verändert.

Freesen

Gemeinde Trent

Herrenhaus des wohl im 17. Jahrhundert entstandenen Gutes. Eingeschossi-

Abb. 21: Freesen, Herrenhaus, Hofseite

ger verputzter Backsteinbau auf hohem Feldsteinsockel, zweigeschossiger Mittelrisalit mit Frontispiz, Putzrustizierung und Fensterverdachungen, Satteldach; im 19. Jahrhundert errichtet, verändert.

Gademow
Gemeinde Parchtitz

Herrenhaus des wohl im 19. Jahrhundert entstandenen Gutes. Eingeschossiger Backsteinbau auf Feldsteinsockel, mittiges Zwerchhaus mit Lünettenfenster und geputzter Uhr im Giebelfeld, Satteldach; Mitte 19. Jahrhundert errichtet, verändert.

Gagern
Gemeinde Kluis

Herrenhaus des wohl im 14. Jahrhundert entstandenen Gutes. Eingeschossiger Fachwerkbau, Krüppelwalmdach; Ende 18. Jahrhundert errichtet, nach 1960 abgerissen.

Ganschvitz
Gemeinde Trent

Herrenhaus des wohl im 17. Jahrhundert entstandenen Gutes. Eingeschossiger verputzter Backsteinbau, zweigeschossiger Mittelrisalit, Frontispiz mit Lünettenfenster, Krüppelwalmdach; Mitte 19. Jahrhundert errichtet, eingreifend verändert.

Garftitz
Gemeinde LanckenGranitz

Herrenhaus des wohl im 14. Jahrhundert entstandenen Gutes. Eingeschossiger, plastisch gegliederter Backsteinbau auf hohem Sockel, Krüppelwalmdach; Ende 19. Jh. errichtet, eingreifend verändert.

Glewitz
Gemeinde Zudar

Herrenhaus des wohl im 14. Jahrhundert entstandenen Gutes. Eingeschossiger verputzter Backsteinbau, Krüppelwalmdach; im 19. Jahrhundert errichtet, verändert.

Abb. 22: Gobbin, Herrenhaus, Hofseite

Glowitz
Gemeinde Kasnevitz

Herrenhaus des wohl im 16. Jahrhundert entstandenen Gutes. Eingeschossiger Backsteinbau auf hohem Sockel, Satteldach; im 19. Jh. errichtet.

Glutzow Hof
Gemeinde Poseritz

Herrenhaus des wohl im 14. Jahrhundert entstandenen Gutes. Eingeschossiger verputzter Backsteinbau auf Sockel, Mittelrisalit mit Frontispiz; Anfang 19. Jahrhundert errichtet, eingreifend verändert.

Gnies
Gemeinde Ralswiek

Herrenhaus des zu Ralswiek gehörenden Vorwerkes. Eingeschossiger Backsteinbau auf verputztem Feldsteinsok-

kel, Satteldach, hofseitig breitgelagerte Gaube mit Walmdach; Anfang 20. Jahrhundert errichtet.

Gobbin
Gemeinde Lancken-Granitz

In der Mitte des 18. Jahrhunderts wurde das 1263 erstmals erwähnte Bauerndorf zur partiellen Wüstung. Aus den gelegten Bauernstellen entstand 1748 der Gutshof, zu dem damals auch eine Ziegelei gehörte. Bis zur Enteignung 1945 befand sich das zumeist verpachtete Gut im Besitz der Fürsten von Putbus.

Das kleine Herrenhaus stammt aus der Mitte des 19. Jahrhunderts. Es blieb, wenn auch stark vernachlässigt, nahezu unverändert bestehen. Der eineinhalbgeschossige verputzte Backsteinbau ist über einem hohen Sockelgeschoß errichtet. An der Hofseite betont ein zweigeschossiger Mittelrisalit mit Segmentbogengiebel und liegendem Ovalfenster den Haupteingang, zu dem eine kleine Freitreppe führt. Die Gebäudekanten sind mit einer Putzquaderung ausgebildet, der Haupteingang mit dem Oberlicht und die hochrechteckigen Erdgeschoßfenster mit plastischen Verdachungen, die querliegenden Fenster des Halbgeschosses mit profilierten Putzrahmungen versehen. In den Giebelfeldern des flachen Satteldaches ist je ein Lünettenfenster eingefügt. Gesimsbänder in Höhe der Sohlbänke gliedern die Hauptseiten und Giebel. Nahezu vollständig blieben die bauzeitlichen Kreuzstockfenster erhalten. Wesentlich schlichter, aber auch ursprünglich ist die Gestaltung der Rückfront.

Goldevitz

Gemeinde Altefähr

Herrenhaus des wohl im 17. Jahrhundert entstandenen Gutes. Eingeschos-

siger verputzter Backsteinbau, Putzgliederung, Krüppelwalmdach; Mitte 19. Jahrhundert errichtet, wie das Gut nach 1960 abgängig, Wüstung, Park in Konturen erhalten.

Goos

Gemeinde Dranske

Herrenhaus des wohl im 14. Jahrhundert entstandenen Gutes, wie dieses nach 1960 abgängig.

Götemitz

Gemeinde Rambin

Herrenhaus des wohl im 17. Jahrhundert entstandenen Gutes. Eingeschossiger, neu verputzter Backsteinbau, mittiges Zwerchhaus mit geschweiftem Giebel, Eingangsvorbau ebenfalls mit geschweiftem Giebel, Krüppelwalm-Mansarddach; um 1800 errichtet, Anfang 20. Jahrhundert umgebaut.

Grabitz

Gemeinde Rambin

Herrenhaus des wohl im 17. Jahrhun-

Abb. 23: Götemitz, Herrenhaus, Hofseite

dert entstandenen Gutes, nicht mehr vorhanden.

Grabow

Gemeinde Zudar

Herrenhaus des 1822 entstandenen Gutes. Eingeschossiger Backsteinbau auf Feldsteinsockel, zweigeschossiger, turmartiger Mittelrisalit, Satteldach, bauzeitliche Haustür mit rundbogigem Oberlicht; Mitte 19. Jahrhundert errichtet.

Grahlhof

Gemeinde Altefähr

Herrenhaus des wohl im 17. Jahrhundert entstandenen Gutes. Eingeschossiger Fachwerkbau, jetzt weitgehend verputzt, Krüppelwalmdach; im 19. Jahrhundert errichtet, eingreifend verändert.

Granitz

Gemeinde Binz

1318 fand Granitz erstmals urkundliche Erwähnung, seit 1472 gehörten das Dorf und das ausgedehnte gleichnamige Waldgebiet ausschließlich dem Hause Putbus. Unter Moritz Ulrich I. entstand 1726 auf dem 107 m hohen Tempelberg ein erstes kleines Jagdhaus an der Stelle des Wirtschaftsgebäudes und vier Jahre später der in zeitgenössischen Berichten gerühmte und 1810 abgerissene Aussichtsturm als Vorläufer des heutigen Schlosses. Ab 1837 ließ Wilhelm Malte I. das Jagdschloß nach Plänen des Berliner Architekten Johann Gottfried Steinmeyer errichten. Es ist interessant, daß dabei eine Ideen-

skizze des preußischen Königs Friedrich Wilhelm IV. als erste Anregung gedient haben soll. 1844 entstand nach Entwürfen von Karl Friedrich Schinkel, der auch schon entscheidend an der Schloßplanung mitgewirkt hatte, der in den ursprünglich offenen Lichthof eingefügte Mittelturm. Das 1726 erbaute Jagdhaus wurde 1852 abgerissen und an seiner Stelle nach Plänen Steinmeyers das spätere Gasthaus Granitz errichtet, das bis 1891 zur Hälfte als Forsthaus diente. Seit 1900 war das weitgehend original ausgestattete Jagdschloß als Museum öffentlich zugänglich und hatte damals bereits 20.000 Besucher im Jahr. 1945 wurde es enteignet und in der Folgezeit gingen nahezu alle beweglichen Ausstattungen verloren. In den 50er Jahren diente es wieder dem Fremdenverkehr, es fanden Matineen, Konzerte und Ausstellungen statt und darüber hinaus war eine Gaststätte eingerichtet worden. Nach kleineren Reparaturen erfolgt seit 1983 eine umfassende Gesamtinstandsetzung, anläßlich derer das Schloß schrittweise erneut museal erschlossen wird.

Das Jagdschloß entstand über einem annähernd quadratischen Grundriß in Formen der Neugotik. Der zweigeschossige verputzte Backsteinbau erhebt sich über einem aus der Erde ragenden Findlingsfundament und einem von Kellerfenstern durchbrochenen, leicht geböschten glatten Sockel. Vier runde Ecktürme, der 38 m hohe runde Mittelturm und ein apsisartiger, eckturmhoher Anbau an der Rückfront, alle von kräftigen und vorkragenden Zinnenkränzen bekrönt, geben

Abb. 24: Granitz, Jagdschloß auf dem Tempelberg mit dem Dorf Lancken-Granitz von Süden (Titelbild: Jagdschloß von Nordosten)

dem Bau sein markantes Aussehen. Alle Außenwände sind mit einer Putzquaderung, die rundbogigen Türen und Fenster mit profilierten Gewänden versehen. Im Obergeschoß umzieht ein kräftiges Gesims in Höhe der Fensterbänke das gesamte Schloß. Deutlich unter der Traufe verläuft ein Maschikulisfries. Dieses Motiv stammt aus dem mittelalterlichen Wehrbau, Maschikulis werden die zwischen den Konsolen eines auskragenden Wehrgangs angeordneten Ausgußöffnungen für Pech und Schwefel genannt, die im Historismus ein sehr beliebtes Schmuckelement waren. Die Teilungen der Schloßfenster sind in der Art von gotischem Maßwerk gestaltet, die Mittelturmfenster und die der Eckturmobergeschosse wurden schlichter ausgebildet,

stellen aber durch ihre dichte Reihung einen besonderen Akzent dar.

An der Nordseite gelangt man über eine breite Freitreppe zum Hauptportal, das unmittelbar in die Eingangshalle führt. Diese gibt nicht nur den Blick auf das Sockelgeschoß des Mittelturmes, sondern bereits in sein Inneres frei. Eine kreuzförmig angelegte Steintreppe mit Mittelpodest führt zunächst bis zum Obergeschoß des Schlosses, eine gußeiserne Wendeltreppe mit vier Windungen an der Innenseite des Turmes bis zu seiner Aussichtsplattform. Die Treppe umläuft einen weiten offenen Kern, ihre 154 Stufen sind ornamental durchbrochen. Sie ist ein Werk der bedeutenden Berliner Eisengießerei Friedrich Anton Egells.

Von den Räumen des Schlosses können

neben dem Vestibül das Empfangszimmer, das Speisezimmer, der Damensalon und der Marmorsaal besichtigt werden. Obwohl der überwiegende Teil der Möbel und Kunstwerke nach 1945 verloren ging und nur durch Abbildungen und 1937 erstellte Inventarlisten überliefert ist, vermögen doch die inzwischen restaurierten raumfesten Ausstattungen gemeinsam mit dem verbliebenen, wieder zurückgekehrten oder ergänzten Inventar eine Vorstellung von der Qualität der Räumlichkeiten zu vermitteln.

Vergleicht man das Vestibül mit historischen Ansichten dieses Raumes, mag es kahl erscheinen, denn der Bestimmung des Schlosses gemäß hingen hier wie auch in den Gängen des Obergeschosses und im Mittelturm mehr als 850 Geweihe und andere Jagdtrophäen, bewachten Ritterrüstungen den Aufgang zur Treppe und luden schwere Stühle zum Sitzen ein. Heute zieren nur noch zwei stattliche Geweihe die Fensterfront und im mittleren Bogen zum umlaufenden Innengang des Obergeschosses hängt ein aus Geweihen gefertigter Leuchter. Die sparsame Ausstattung läßt aber die gediegene Qualität der historistischen Wand-, Decken- und Fußbodengestaltung ebenso wie die aus Zinkguß gefertigten Geländer und die pommerschen Greife am Antritt der Wendeltreppe hervortreten.

Über den Korridor, der den Treppenturm im Obergeschoß umschließt, gelangt man zunächst in das Empfangszimmer. Seine Wände sind im unteren Teil mit einer Eichenholztäfelung verkleidet, die durch Zinkguß-Halbsäulen, die mit einer Holzimitationen bemalt sind, sowie hölzerne Applikationen gegliedert wird. Darüber hingen ursprünglich sechs große Jagdszenen des holländischen Malers Pieter Mulier, gen. Tempesta (1637-1701), von denen sich drei erhalten haben. Die übrigen Flächen sind, wie ursprünglich bereits die der Fensterfront, mit Holzimitationstapeten beklebt. Der Deckenstuck wurde nach originalen Befunden wieder farbig gefaßt und vergoldet. Auf dem Marmorkamin steht eine Marmorbüste Wilhelm Malte I., sie stammt aus dem Pädagogium Putbus und ist ein Werk des Berliner Bildhauers Ludwig Wichmann.

Aus dem Empfangszimmer gelangt der Besucher unmittelbar in das festliche Speisezimmer. Seine Gestaltung zeichnet sich durch eine sehr ungewöhnliche Materialkombination aus. Die unteren Wandpartien des mit einem Parkettboden versehenen Raumes sind holzgetäfelt, die darüber befindlichen Flächen mit farbigen Ornamentfliesen verkleidet und die Decke ist stukkiert. Über der Holzvertäfelung ist eine reich gestaltete und mit einer Eichenholzimitation bemalte Zinkgußborte angebracht, in der ursprünglich bemalte Porzellanteller dekorativ aufbewahrt

Abb. 25: Granitz, Jagdschloß, Blick in den Mittelturm

Folgende Seiten:

Abb. 26: Empfangszimmer
Abb. 27: Speisezimmer
Abb. 28: Damensalon
Abb. 29: Marmorsaal, Kamin

36

wurden. Anstelle der jetzt auf den gefliesten Flächen hängenden Gemälde befanden sich Wandleuchter aus Bronze, die ebenso wie das Porzellan, die Möbel und die übrigen Dekorationen dieses Raumes erst nach 1945 verloren gingen. Erhalten blieb der weiße, mit einem Jagdszenenrelief geschmückte Kachelofen aus der Berliner Ofenfabrik Tobias Christoph Feilner und die apsidiale Nische mit der holzmaserierten Zinkgußrahmung. Zwei ursprünglich dazu gehörige kniende Engelsfiguren, die auf Entwürfe Schinkels zurückgingen, gelten als verschollen. In der früher mit Zinntellern und -gefäßen staffierten Nische steht die Figur einer "Venus".

Ebenfalls durch das Empfangszimmer erreicht man den Damensalon. Seine Wände sind mit einer wandhohen, schachbrettartigen Eichentäfelung verkleidet. Einen integrierten Marmorkamin schmückt der Zinkguß einer antiken Venusstatue. Unverändert blieb der symmetrische Deckenstuck mit einer Rahmung, in der ursprünglich sechsundzwanzig gestickte Bilder eingefügt waren. Doch diese gingen wie auch alle übrigen Kunstgegenstände und das Mobiliar des Raumes, mit Ausnahme einer Chaiselongue, verloren.

Der Marmorsaal, der repräsentativste Raum des Jagdschlosses, nimmt den mittleren Teil der Südseite ein. Durch die große apsidiale Erweiterung zeichnet er sich nicht nur am Außenbau ab, sondern erhält auch im Inneren einen besonderen Charakter. Seine Wände sind zu zwei Dritteln mit Edelholz und Marmor verkleidet. Die oberen Wandflächen und die

übrige dekorative Ausgestaltung des Saales war in Grisaille-Technik ausgeführt und wurde nach erhaltenen Resten wiederhergestellt.

Eine Stuckkassettendecke trägt zum Gesamtbild bei. Besondere Beachtung verdient der dreistöckige Marmorkamin mit dem Relief einer "Sauhatz", mit dessen Einbau 1851 die Ausgestaltung des Schlosses vollendet wurde. Es handelt sich dabei um ein Werk des Thorvaldsen-Schülers Ernst Matthäi. Die vier großen Historienbilder zur Geschichte Rügens und des Hauses Putbus, die um 1848 von den Berliner Malern Carl Wilhelm Kolbe d.J. "Jaromar, Fürst von Putbus, besichtigt 1429 den Bau christlicher Kirchen", "Die letzten Augenblicke des Herzogs Wartislav von Pommern" und Adolf Eybel gemalt worden waren, müssen als verloren angesehen werden.

Im Obergeschoß befanden sich außerdem das Billardzimmer, die Bibliothek, der rote Salon und das fürstliche Schlafzimmer. Von den Räumen des Erdgeschosses waren der Rittersaal und ein weiteres Speisezimmer besonders reich ausgestattet. Einige dieser Räume werden derzeit restauriert und bald zugänglich sein. In Vorbereitung befindet sich die Ausstellung "Jagd und Hege auf der Insel Rügen", die künftig im Schloß gezeigt werden soll und sich überwiegend mit der Jagdgegenwart beschäftigen wird.

Abb. 30: Granskevitz,
Herrenhaus mit dem Burgwall von Norden

Granskevitz

Gemeinde Schaprode

Als Stammburg der Familie von Platen soll die Anlage um 1170 durch Granza von Platen gegründet worden sein, als "Granscovitze" wurde der Ort 1314 erstmals urkundlich erwähnt. 1836 schrieb der rügensche Chronist Johann Jacob Grümbke, daß der Hof "in der Vorzeit mit einem Wall und Graben umgeben (war), worüber an der Südseite ein Zugbrücke führte.

Es ist der einzige Hof auf Rügen, der

Abb. 31: Granskevitz, Herrenhaus von Süden

eine solche Schutzwehr hatte". Wenn auch gewisse Zweifel über die Absolutheit dieser Aussage bestehen, handelt es sich doch um die einzig erhaltene Anlage dieser Art. Bis ins 19. Jahrhundert verblieb das Gut bei der Familie von Platen. In der Folgezeit wechselten die Besitzer einige Male, nach der Familie von Schulz gehörte es bis zur Enteignung 1945 der als kunstsinnig gerühmten Familie von Berg.

Zumindest die Feldsteinfundamente und Keller des Herrenhauses stammen noch aus der Zeit vor 1500. Der südwestliche Kellerraum soll noch vor 1507 wegen der dort beigesetzten Pestleichen vermauert und seitdem nie wieder betreten worden sein.

Im 17. Jahrhundert entstand das zweigeschossige Gebäude mit den runden Turmuntergeschossen und im 18. Jahrhundert fügte man das achteckige Turmobergeschoß sowie die beiden hofseitigen Risalite mit den Rundfenstern in den Dreiecksgiebeln hinzu. Auch die Fenster und Dächer erhielten in jener Zeit ihr heutiges Aussehen. Der Backsteinbau ist verputzt und an den Gebäudekanten mit einer Eckrustizierung versehen. 1920/21 wurde der rückwärtige Anbau errichtet und 1939 das Dachgeschoß des Herrenhauses ausgebaut. Nach der Enteignung diente es verschiedenen Zwecken und wird nun wieder, frisch angestrichen und mit dem Denkmal nicht gemäßen Kunststoffenstern ausgestattet, als Wohnhaus genutzt.

Die Fläche innerhalb des zumindest aus dem 16. Jahrhundert stammenden rechteckigen Ringwalls mit seinem Außengraben, den zwei Brücken und der sechs Meter breiten Wallkrone war wohl früher parkähnlich gestaltet. Erhalten sind einige markante Einzelbäume, wie eine Platane und ein Ginkgobaum sowie die Doppelreihe fast 300jähriger Linden auf der Wallkrone.

Grosow

Gemeinde Trent

Herrenhaus des wohl im 16. Jahrhundert entstandenen Gutes; nach 1960 abgängig, Wüstung.

Groß Bandelvitz

Gemeinde Altefähr

Herrenhaus des Anfang des 19. Jahrhunderts entstandenen Gutes. Eingeschossiger verputzter Backsteinbau, Krüppelwalmdach; im 19. Jahrhundert errichtet, eingreifend verändert.

Groß Banzelvitz

Gemeinde Rappin

Herrenhaus des im 17. Jahrhundert entstandenen Gutes. Eineinhalbgeschossiger Backsteinbau auf verputztem Sockel, über dem Haupteingang ein von vier Säulen getragener Balkon mit dreiecksgiebliger Überdachung; Ende 19. Jahrhundert errichtet.

Groß Kubbelkow

Gemeinde Sehlen

Herrenhaus des wohl im 18. Jahrhundert entstandenen Gutes. Eingeschossiger, jetzt verputzter Bau auf Feldsteinsockel, Krüppelwalmdach; im 19. Jahrhundert errichtet, eingreifend verändert.

Abb. 32: Groß Banzelvitz Herrenhaus, Hofseite

Abb. 33: Groß Schoritz, Herrenhaus von Nordwesten
Abb. 34: Mittelrisalit der Hofseite

Groß Schoritz

Der 1318 erstmals erwähnte Ort war Stammsitz der Familie von Kahlden, einem alteingesessenen rügenschen Adelsgeschlecht. Um die Mitte des 18. Jahrhunderts ließen die von Kahlden das Herrenhaus neu errichten, verkauften es aber bereits 1755 dem schwedischen Reichsrat Graf von Löwen, der wiederum das Gut schon 1767 dem Haus Putbus weiterveräußerte, zu dessen Besitzungen es bis zur Enteignung 1945 gehörte. Durch den am 26. Dezember 1769 hier geborenen Ernst Moritz Arndt gelangte das Herrenhaus zu einer gewissen Berühmtheit.

Der verputzte Mansarddachbau erhebt sich eingeschossig über einem hohen Sockelgeschoß. Eine zweiläufige Freitreppe führt zum hofseitigen Haupteingang, der durch ein leicht vorgezogenes, risalitartiges Feld und zwei begleitende schmale Fenster betont ist.

Im geschweiften und mit einer aufwendigen Bekrönung versehenen Giebel der darüberliegenden Gaube erinnern eine Inschrift und ein 1913 geschaffenes Porträtrelief an den Patrioten, Schriftsteller und Publizisten Ernst Moritz Arndt, der noch als Sohn eines Leibeigenen geboren wurde. Sein Vater, von Graf Malte zu Putbus freigegeben, avancierte zum geachteten Gutspächter. Von den reichen Ausstattungen des Herrenhauses, die Arndt in seinen 1840 erstmals erschienenen "Erinnerungen aus dem äußeren Leben" beschrieb, hat sich nichts erhalten. Im Erdgeschoß des nach der Enteignung in mehrere Wohnungen aufgeteilten Hauses ist eine kleine Ausstellung, die sich auf Arndts Wirken bezieht, eingerichtet worden.

Der kleine Gutspark wird von einer aufwendig gestalteten Feldsteinmauer mit einer erhaltenen, aber vermauerten Toranlage eingefriedet.

Hier ist E. M. Arndt am 26. Dez. 1769 geboren

Abb. 35: Gustow, Herrenhaus mit Erweiterungsbau, Hofseite

Groß Stubben
Gemeinde Poseritz
Herrenhaus des wohl im 16. Jahrhundert entstandenen Gutes. Eingeschossiger, jetzt verputzter Backsteinbau auf Sockel, Satteldach; im 19. Jahrhundert errichtet, eingreifend verändert.

Grubnow
Gemeinde Neuenkirchen
Herrenhaus des wohl im 18. Jahrhundert entstandenen Gutes, wie dieses nach 1960 abgängig.

Gurtitz
Gemeinde Gingst
Herrenhaus des wohl im 16. Jahrhundert entstandenen Gutes. Eingeschossiger verputzter Backsteinbau, mit eingeschossigem Fachwerkanbau, Krüppel-walmdächer; 1718 errichtet, um 1800 erweitert, nach 1960 abgängig.

Güstelitz
Gemeinde Putbus
Herrenhaus des wohl im 17. Jahrhundert entstandenen Gutes. Um 1880 errichtet, nach 1960 eingestürzt.

Gustow
Als "Gustowe" fand der Ort 1314 erstmals urkundliche Erwähnung. Bis in das 18. Jahrhundert gehörten das Dorf und das 1577 erstmals erwähnte Gut der Familie von der Osten. 1787 wurden unter den damaligen Eigentümern, wohl der Familie von Hochwächter, die letzten beiden Bauernanwesen des Dorfes zum Gut gelegt. In der Folgezeit wechselten die Besitzer der Gutsanlage häufig. Seit 1815 gehör-

te sie der Familie Struth und blieb bis zu der 1945 erfolgten Enteignung in ihrem Besitz. Nachdem das Herrenhaus danach zunächst unterschiedlich genutzt wurde, befindet sich jetzt neben Wohnungen auch ein Landgasthof darin.

In seinem Kern stammt das zweigeschossige, über einem Sockel errichtete Herrenhaus wohl aus dem 18. Jahrhundert. Die Gartenseite des Walmdachbaus weist trotz vieler Veränderungen noch Spuren der Bauzeit auf. Um 1850 setzte man der Hofseite eine zweigeschossige Schaufassade im Stil der Tudorgotik vor, deren Gestaltung sich im Obergeschoß weitgehend erhalten hat. Kräftige Pilaster zwischen den segmentbogigen Fenstern bilden eine regelmäßige Gliederung, ein Konsolfries betont den Traufbereich.

Bis zu der eingreifenden Gebäudesanierung vor wenigen Jahren waren die mittleren beiden Achsen durch einen Frontispiz mit Scheinbalustrade betont. Dieses wurde ebenso wie die hofseitig vorgelagerte Altane und die Balustrade zwischen dem Erd- und Obergeschoß ersatzlos entfernt. Die Hofseite wirkt nun trotz des neuen Farbanstrichs unvollkommen.

Im rechten Winkel zum Herrenhaus fügte man mit einem schmalen Verbindungstrakt einen neubarocken Bau an. Seine Schaufassade verlor mit Ausnahme des oberen Giebelfeldes, eines Lünettenfensters und dreier Pilaster ebenfalls anläßlich einer Modernisierung ihren Schmuck.

Güstrowerhöfen

Gemeinde Altefähr

Herrenhaus des wohl im 17. Jahrhundert entstandenen Gutes. Um 1890 errichtet, nach 1960 abgängig.

Güttin

Gemeinde Dreschvitz

Herrenhaus des wohl im 17. Jahrhundert entstandenen Gutes. Eingeschossiger verputzter Bau, zweigeschossiger Mittelrisalit mit offener Laube, Satteldach; Mitte 19. Jahrhundert errichtet, um 1935 umgebaut.

Abb. 36: Güttin, Herrenhaus, Hofseite

Gützlaffshagen

Gemeinde Garz

Herrenhaus des wohl im 16. Jahrhundert entstandenen Gutes. Zweigeschossiger verputzter Bau auf hohem Sockel, zweigeschossiger aufgeputzter Mittelrisalit mit Frontispiz, reiche Putzgliederung, hölzerne Eingangsüberdachung im Heimatstil, bauzeitliche Haustür, flaches Satteldach; Ende 19. Jahrhundert errichtet, verändert.

Haidhof

Gemeinde Gingst

Herrenhaus des wohl im 17. Jahrhundert entstandenen Gutes. Eingeschossiger verputzter Bau auf flachem Sockel, zweigeschossiger Mittelrisalit, Frontispiz mit Lünettenfenster, Putzgliederung, bauzeitliche Haustür und gartenseitiger Balkon, Krüppelwalm-Mansarddach; Anfang 19. Jahrhundert errichtet, verändert.

*Abb. 37: Gützlaffshagen,
Herrenhaus,
Eingang der Hofseite
Abb. 38: Haidhof,
Herrenhaus, Hofseite*

Helle
Gemeinde Rappin

Herrenhaus des wohl im 14. Jahrhundert entstandenen Gutes. Eingeschossiger verputzter Bau mit Eckrustizierung und Fensterfaschen, korbbogige Eingangstür, Krüppelwalmdach, im Inneren Reste stukkierter Decken; im 19. Jahrhundert errichtet, 1903 umgebaut, durch An- und Umbauten stark verändert, leerstehend, im Verfall.

Jabelitz
Gemeinde Trent

Herrenhaus des wohl im 17. Jahrhundert entstandenen Gutes; bis auf die Substruktionen nach 1960 abgängig.

Jarkvitz
Gemeinde Altefähr

Herrenhaus des wohl im 17. Jahrhundert entstandenen Gutes. Eingeschossiger verputzter Bau auf flachem Feldsteinsockel, Krüppelwalmdach; im 19. Jh. errichtet, eingreifend verändert.

Jarnitz
Gemeinde Ralswiek

Herrenhaus des wohl schon im 13. Jahrhundert entstandenen Gutes. Zweigeschossiger verputzter Fachwerkbau auf Feldsteinsockel mit hofseitig vorgeblendeter, verputzter Backsteinfassade, Putzrustizierung, geputzte Eckfensterfaschen, Walmdach mit bauzeitlicher Gaube an der Gartenseite, bauzeitliches Treppenhaus mit geschwungener Treppe und Geländer aus Brettbalustern; 2. Hälfte 18. Jahrhundert errichtet, verändert.

Juliusruh
Gemeinde Breege

Julius Christoph von der Lancken auf Lanckensburg und Presenke ließ sich 1795/96 auf dem ihm gehörenden Anteil des Gutes Drewoldke einen Sommersitz mit ausgedehntem, aufwendigen barocken Park und englischem Garten angelegen. Anhand erhaltener Pläne ist das Aussehen der Anlage im Dünengelände der Schaabe überliefert.

Abb. 39: Jarnitz,
Herrenhaus,
Hofseite mit Speicher

Die Gebäude waren um einen ovalen Hof gruppiert, zu dem aus Norden eine Lindenallee führte. Neben dem Herrenhaus gehörten unter anderem auch zwei Logierflügel, eine Reitbahn und ein Reitstall, eine Wagenremise, eine Orangerie und ein Badehaus zur Hofanlage. Noch zu Beginn des 19. Jahrhunderts beschrieb Johann Jacob Grümbke das Herrenhaus als geschmackvollen Bau und den Garten als gut angeordnet und im Werden befindlich. Auch wurde von einem künstlich angelegten Berg mit einem Tempel und einigen allegorischen Anlagen berichtet.

Nachdem Julius Christoph aufgrund finanzieller Schwierigkeiten, die er auch durch die Erlöse einer Lotterie nicht beheben konnte, die Anlage bereits 1803 an seinen Vetter Philip Karl-Riekmann von der Lancken verkaufen mußte, verfielen das Landhaus und die zugehörigen Wirtschaftsgebäude schnell. Bereits 1807 soll das Herrenhaus nicht mehr bewohnbar gewesen sein. Der im Westteil im französischen, im Ostteil im englischen Stil aufwendig geplante und angelegte Park verwilderte durch Anflug- und Wildbesamung.

1835 erwarb die Stadt Stralsund den ehemaligen Landsitz und nutzte das Waldgebiet seit 1895 als Kurpark für den in der 2. H. des 19. Jahrhunderts entstandenen Badeort Juliusruh. Ein Gedenkstein für den Erbauer Julius von der Lancken mit dem Gründungsdatum des nach ihm benannten Ortes wurde aufgestellt. Heute erinnern nur noch Lindenalleen, Hainbuchenhecken, künstlich angelegte Seen, Wassergräben und Reste der Wegeführung an die ursprüngliche Anlage.

Kaiseritz
Gemeinde Bergen

Herrenhaus des wohl im 14. Jahrhundert entstandenen Gutes. Um 1900 errichtet, nach 1960 abgängig.

Kampe
Gemeinde Glowe

Herrenhaus des wohl im 16. Jahrhundert entstandenen Gutes. Eingeschossiger Fachwerkbau, neubarocker Frontispiz, Krüppelwalmdach; um 1850 errichtet, 1974 abgerissen.

Abb. 40: Juliusruh, Kurpark

Kapelle

Gemeinde Gingst

Es wird vermutet, daß der Name des 1318 erstmals urkundlich erwähnten Ortes auf ein Kirchengebäude eines großen Gutes zurückzuführen ist. Nachweisbar seit dem 16. Jahrhundert befanden sich hier zwei Wohnhöfe der Familie von der Osten. Die Kapeller Linie erlosch am Ende des 17. Jahrhunderts, der Besitz verblieb aber weiter bei dieser Familie. Spätestens zu Beginn des 19. Jahrhunderts übernahm die Familie von Platen, ebenfalls ein altes pommersches Adelsgeschlecht, das Gut. Nach einer Bauinschrift über dem hofseitigen Hauptportal entstand das Herrenhaus 1843/44 und erhielt 1914 anläßlich eines Umbaus seine heutige neubarocke Form. Nach verschiedenen Nutzungen, die das Herrenhaus nach seiner Enteignung 1945 erlebte, dient es bereits seit längerem als Alten- und Pflegeheim.

Der zweigeschossige Backsteinbau ist verputzt und mit einem Mansarddach versehen. Ein asymmetrisch vorgelagerter Treppenturm dominiert die reich gegliederte Hoffassade. Von ihm und einem zweigeschossigen Risalit wird das aufwendig gestaltete, leicht vorgezogene Hauptportal umschlossen. Zwei Säulen, die eine segmentbogige Verdachung tragen, rahmen das Portal, über dem sich die neubarocke Kartusche mit der erwähnten Bauinschrift und den Jahreszahlen befindet. Am leicht zurückgesetzten Obergeschoß des rund vorspringenden und von einem spitzen Kegeldach abgeschlosse-

nen Treppenturmes ist das große vierfeldrige, von Löwen als Schildhaltern getragene und von Helmzier bekrönte Wappen der Familie von Platen angebracht. Es entstand wohl im 18. Jahrhundert und könnte bereits von einem Vorgängerbau oder einem anderen Besitztum derer von Platen stammen. Unklar blieb bisher die Bedeutung der in die Feldsteine des Turmsockels eingemeißelten Buchstaben D R G H R. Die Gartenfront des Herrenhauses ist schlichter gestaltet und durch einen dreiachsigen Mittelrisalit gegliedert. Über seinem geschweiften Frontispiz ist ein weiteres Familienwappen derer von Platen aufgesetzt.

Der sich nördlich an das Herrenhaus anschließende Gutspark wurde wohl in der Mitte des 19. Jahrhunderts im englischen Stil angelegt, aber weitgehend durch Wildbesamung überformt. Er nahm in den letzten Jahrzehnten den Charakter eines Laubwaldes an, dendrologisch interessante Bäume sind nicht vorhanden. Südlich des Gutsgeländes befindet sich ein weiteres Parkareal. Beide waren noch in den 30er Jahren gepflegt und klar gestaltet.

Abb. 41: Kapelle, Herrenhaus, Hofseite

Abb. 42: Karnitz, Herrenhaus, Hofseite

Karnitz

Als Bauerndorf und Standort einer Mühle gelangte das 1314 erstmals erwähnte Karnitz wohl am Ende des 16. Jahrhunderts als Erbgut an die Familie von Kahlden, die sich hier einen Wohnhof errichten ließ. Nach partiellem Wüstwerden des Dorfes und häufigem Besitzerwechsel der Gutsanlage gelangte diese zu Beginn des 19. Jahrhunderts an die Familie von Usedom. Der seit 1830 im preußischen Staatsdienst tätige, 1862 in den Grafenstand erhobene Guido von Usedom, der im Alter auch kurzzeitig kommissarischer Generaldirektor der königlich-preußi-

schen Museen war, ließ 1834/35 das Herrenhaus als Jagdschloß in Formen der Tudorgotik errichten. Nach seinem Tode wechselte das Gut abermals mehrfach den Besitzer. Das Herrenhaus wurde nach seiner Enteignung 1945 unterschiedlich genutzt, derzeit wohnen einige Familien darin.

Zwei dreigeschossige, zinnenbekrönte Achtecktürme flankieren die ebenfalls mit Zinnen versehene Schaufront des ansonsten gravierend vereinfachten, zweieinhalbgeschossigen Baus. Spitzbogige Fenster mit Sohlbankgesimsen charakterisieren die beiden Vollgeschosse der Hauptfassade. Ihre aufwendige, maßwerkartige Sprossenteilung, die zum Teil

Abb. 43: Kartzitz, Herrenhaus mit Kavalierhäusern, Hofseite

nur perspektivisch auf die Scheiben gemalt war, hat sich nur in geringen Resten erhalten. Von einer rechteckigen Putzrahmung umgeben, reicht das spitzbogige Hauptportal mit der eingezogenen Portalvorhalle über beide Geschosse. Im darüber angeordneten Zinnengiebel befindet sich ein Wappenschild der Familie von Lankken-Wakenitz, in deren Besitz sich das Gut auch einige Zeit befand. Eine breiten Freitreppe ist dem Portal vorgelagert.

Der östlich des Herrenhauses gelegene Park wurde weitgehend in Kleingärten unterteilt, dennoch blieben einige alte Bäume erhalten. Eine Hainbuchenhekke umschließt das Rasenparterre von der Schaufront.

Kartzitz

Gemeinde Rappin

Zwischen dem 15. und dem Ende des 19. Jahrhunderts gehörte das 1318 erstmals erwähnte Gut der Familie von Usedom. In der Folgezeit ging es bald in bürgerlichen Besitz über und wurde 1945 enteignet.

Der kleine um 1750 erbaute Gutshof zählt zu den schönsten barocken Anlagen der Insel Rügen. Eingeschossig und über einem hohen Sockel errichtet, bildet das verputzte Herrenhaus mit dem charakteristischen Mansarddach das Zentrum der Gutsanlage. Der über eine zweiläufige Freitreppe er-

Abb. 44: Kartzitz, Herrenhaus mit Kavalierhäusern von Nordwesten
Abb. 45: Erdgeschoßdiele mit Treppenhaus

schlossene hofseitige Haupteingang wird durch einen zweigeschossigen Mittelrisalit betont. In seinem dreieckigen Frontispiz dominiert ein liegendes Ovalfenster. Die Gebäudekanten sind mit einer aufgeputzten Eckrustizierung und ebensolchen Türeinfassungen versehen. Die Gestaltung der Gartenseite ist schlicht. Im eingezogenen rundbogigen Giebelfeld der breiten Gaube findet sich ohne Schild oder Rahmung ein Wappenbild, bei dem es sich nicht wie bisher angenommen, um das der Familie von Usedom handelt. Ein angewinkelter, geharnischter Arm hält einen Krummsäbel, um den

achtförmig ein Band gewunden ist. Eine Terrasse mit Freitreppe führt aus dem Herrenhaus in den nördlich davon gelegenen Park.
Neben der verglasten Eingangstür mit einer Laterne im korbbogigen Oberlicht, einer seitlichen Kellertür mit alten Beschlägen und einigen Kreuzstockfenstern haben sich auch im Inneren des Herrenhauses bauzeitliche Teile erhalten. Besondere Beachtung verdienen hierbei die qualitätvollen Füllungstüren und das Treppenhaus. Typisch für vergleichbare Bauten auf der Insel wurde es unaufwendig an der Seite der kleinen Eingangshalle ange-

58

ordnet und nur durch einen rundbogigen Zugang betont. Das Geländer ist bis in das ausgebaute Dachgeschoß aus flammenartig geformten Brettbalustern gebildet.

Zwei leicht vorgesetzte und baulich mit dem Haupthaus verbundenen Kavalierhäusern flankieren das Herrenhaus. Die eingeschossigen Bauten sind über nahezu quadratischem Grundriß errichtet und in ihrer Gestaltung der des herrschaftlichen Wohnhauses entsprechend, wirken durch den fehlenden Sockel aber niedriger als dieses. In den bauzeitlichen Gauben der ausgebauten Mansarddächer haben sich wie in den Erdgeschossen zum Teil die ursprünglichen Fenster erhalten.

In der barocken Parkanlage, die um 1800 erweitert und teilweise zum Landschaftspark umgestaltet wurde, ist noch ursprünglicher Baumbestand vorhanden. Der zum barocken Teil gehörende Teich mit seiner kleinen Insel verkam zum Tümpel, Kleinarchitekturen sind nur fragmentarisch erhalten. Nach 1960 brachte man den Rest eines lateinisch beschrifteten Grabmales aus dem Park über dem seitlichen Kellerzugang des Herrenhauses an.

Kasselvitz

Gemeinde Rambin

Herrenhaus des wohl im 18. Jahrhundert entstandenen Gutes. Eingeschossiger verputzter Bau auf Feldsteinsockel, Mittelrisalit mit darüber befindlicher Schleppgaube, Krüppelwalmdach; im 19. Jahrhundert errichtet, verändert.

Ketelshagen

Gemeinde Kasnevitz

Herrenhaus des wohl im 14. Jahrhundert entstandenen Gutes. Eingeschossiger, jetzt verputzter Backsteinbau auf Feldsteinsockel, Krüppelwalmdach; im 19. Jahrhundert errichtet, verändert.

Klein Bandelvitz

Gemeinde Altefähr

Herrenhaus des wohl im 17. Jahrhundert entstandenen Gutes. Eingeschossiger verputzter Bau auf Feldsteinsockel, Reste der Putzgliederung, Krüppelwalmdach; im 19. Jahrhundert errichtet, verändert.

Klein Kubbelkow

Gemeinde Sehlen

Das wohl ursprünglich mit Groß Kubbelkow verbundene Dorf wurde 1314 erstmals urkundlich erwähnt. Nachweisbar seit dem 15. Jahrhundert besteht der selbständige Ort, der bis zur 1945 erfolgten Enteignung der Familie von Barnekow gehörte. Das alte Herrenhaus wurde 1963 abgerissen. Erhalten blieb das 1908 im Heimatstil erbaute neue herrschaftliche Haus, in dem nach der Bodenreform zunächst mehrere Familien wohnten und das nach

Abb. 46: Klein Kubbelkow,
Neues Herrenhaus von Südosten

Abb. 47: Klein Kubbelkow, Neues Herrenhaus mit Park von Süden

umfassender Instandsetzung seit dem Ende der 80er Jahre als "Landhaus Kubbelkow" eine Gaststätte mit Pension beherbergt.

Das neue Herrenhaus ist ein anderthalbgeschossiger Bau mit massivem, verputztem Erdgeschoß auf gelbem Klinkersockel, einem in Fachwerk errichteten Kniestock und einer Vielzahl zum Teil dreigeschossiger Fachwerkaufbauten im hohen Walmdach. Eine breite, von einem Jugendstil-Glasdach geschützte Freitreppe führt zum parkseitigen Haupteingang, dem eine Loggia vorgelagert ist. Im Inneren des Herrenhauses existieren noch eine Vielzahl der bauzeitlichen Ausstattungen wie das Treppenhaus, Stukkaturen, Wandvertäfelungen, Fußböden, Türen und Fenster.

Ende des 18. Jahrhunderts wurde ein barocker Park angelegt, der auch bei einer im englischen Stil um 1820/30 erfolgten umfangreichen Erweiterung unverändert blieb. Insbesondere seit 1945 kam es zu Verwilderungen und Abholzungen im gesamten Parkareal. Seit Beginn der 80er Jahre wird der Park auf der Grundlage historischer Karten denkmalgerecht durch Rodungen und Neupflanzungen nach einem mit dem damaligen Institut für Denkmalpflege abgestimmten Konzept rekonstruiert und läßt jetzt bereits wieder seine ursprüngliche Qualität erkennen.

Klein Schoritz

Gemeinde Zudar

Herrenhaus des wohl im 19. Jahrhundert entstandenen Gutes. Eingeschossiger verputzter und giebelständiger Backsteinbau mit schlichter Putzgliederung, Krüppelwalmdach; 1923 nach Brand des alten Herrenhauses, einem rohrgedeckten Fachwerkbaus, neu errichtet.

Klein Stubben

Gemeinde Garz

Herrenhaus des wohl im 16. Jahrhundert entstandenen Gutes. Um 1880 errichtet, nach 1960 abgängig.

Klementelvitz

Gemeinde Saßnitz

Herrenhaus des wohl im 14. Jahrhundert entstandenen Gutes. Eingeschossiger Fachwerkbau mit Backsteinfüllung auf Feldsteinsockel, Krüppelwalmdach, mittiges Zwerchhaus mit Schleppdach; im 19. Jahrhundert errichtet, verändert.

Koldevitz

Gemeinde Karnitz

Herrenhaus des wohl im 17. Jh. entstandenen Gutes. Eingeschossiger verputzter Bau auf Feldsteinsockel, mittiges Zwerchhaus mit Lünettenfenster im Dreiecksgiebel, Krüppelwalmdach, ältere Haustür; Anfang 19. Jh. errichtet, verändert.

Koosdorf

Gemeinde Glowe

Herrenhaus des im 14. Jahrhundert entstandenen Gutes; nach 1960 abgängig.

Kowall

Gemeinde Garz

Herrenhaus des wohl im 16. Jahrhundert entstandenen Gutes. Eingeschossiger verputzter Backsteinbau, Mittelrisalit, Satteldach; Anfang 19. Jahrhundert errichtet, nach 1960 abgängig.

Kransdorf

Gemeinde Altefähr

Herrenhaus des wohl im 17. Jahrhun-

Abb. 48: Kransdorf, Herrenhaus, Hofseite

dert entstandenen Gutes. Eingeschossiger Backsteinbau auf Feldsteinsockel, zweigeschossiger Mittelrisalit mit Frontispiz, geputzte Eckrustizierung, bauzeitliche Haustür, Krüppelwalmdach, bauzeitliche Schleppgauben; Ende 19. Jahrhundert errichtet.

Kransevitz
Gemeinde Kasnevitz
Herrenhaus des im 19. Jahrhundert entstandenen Gutes. Eingeschossiger, jetzt zum Teil verputzter Backsteinbau auf Feldsteinsockel, Satteldach; im 19. Jahrhundert errichtet, eingreifend verändert.

Krimvitz
Gemeinde Kasnevitz
Herrenhaus des wohl im 17. Jahrhundert entstandenen Gutes. Eingeschossiger Backsteinbau auf jetzt verputztem Feldsteinsockel, zweigeschossiger Mittelrisalit mit Frontispiz, bauzeitliche Haustür, Satteldach; Anfang 20. Jahrhundert errichtet.

Laase
Gemeinde Neuenkirchen
Herrenhaus des wohl im 18. Jahrhundert entstandenen Gutes. Zweigeschossiger verputzter Bau auf Feldsteinsockel, Mittelrisalit mit Frontispiz; im 19. Jahrhundert errichtet, eingreifend verändert.

Lancken
Gemeinde Dranske
Das 1314 erstmals erwähnte Gut befand sich bis zu seiner Enteignung im Jahre 1945 ausschließlich im Besitz der Familie von der Lancken, einem auf der Insel weitverzweigten Adelsgeschlecht. 1608 verlegte man das Gut an seinen heutigen Standort, ließ bald nach 1716 das Herrenhaus errichten und vergrößerte durch die Legung aller Bauern des Dorfes das Gut in dieser Zeit beträchtlich. In einem zeitgenössischen Bericht wird 1732 festgestellt, daß der Besitzer das Wohnhaus "kostbar ausbauen lassen und einen schönen Garten dabei angelegt" habe. Das

Abb. 49: Krimvitz, Herrenhaus, Hofseite
Abb. 50: Lancken bei Dranske, Herrenhaus, Bohlendecke des Treppenhauses

Abb. 51: Lancken bei Dranske, Herrenhaus, Hofseite

jetzt ruinöse und im fortschreitenden Verfall befindliche Herrenhaus wurde noch vor dreißig Jahren von mehreren Familien bewohnt, vor zehn Jahren stand es bereits leer, war aber damals noch weitgehend erhalten.

Der zweigeschossige unverputzte Backsteinbau ist in seiner äußeren Gestaltung sehr schlicht. Lediglich das aus der Mittelachse verschobene und später mit einer rustizierenden Putzrahmung versehene Portal wurde aufwendiger ausgeführt. An den fragmentarisch verbliebenen Ausstattungen läßt sich noch immer erkennen, daß das Innere ursprünglich anspruchsvoll gestaltet war. Die dreiläufige Treppe ist bereits weitgehend herausgerissen, aber die bemalten Bohlendecken zeugen von der Qualität der bauzeitlichen Ein-

gangshalle. Die verschiedenen Anstriche und Wandbespannungen der einzelnen Räume lassen sich in Resten ebenso nachweisen wie die in ihren Konturen ablesbaren Türrahmungen. In Räumen, deren Decken noch nicht eingebrochen sind, blieben die Stukaturen einer Umgestaltung um 1800 erhalten. Von den möglicherweise bauzeitlichen Kreuzstockfenstern sind einige Fensterkreuze vorhanden.

Die südöstlich an das Herrenhaus anschließende Parkanlage scheint mit diesem entstanden und im Gegensatz zu den meisten vergleichbaren Anlagen auch nicht umgestaltet worden zu sein. Eine Lindenallee bildet die Mittelachse und betont die Blickbeziehung zwischen Herrenhaus und Wieker Bodden. Etwa in der Mitte des Parks weitet

Abb. 52: Lancken bei Dranske, Herrenhaus, Treppenhaus

sie sich zu einem Kreis und am Ende umschließt sie einen jetzt ausgetrockneten Teich. Begrenzt wird die Anlage an den Längsseiten von Feldsteinmauern, die außerhalb von einer Reihe mehrhundertjähriger Linden und Ulmen flankiert werden.

Lancken

Gemeinde Saßnitz

Herrenhaus des wohl im 14. Jahrhundert entstandenen Gutes. Eingeschossiger verputzter Bau auf Feldsteinsockel, zweigeschossiger doppelter Mittelrisalit mit abgetrepptem Frontispiz, Satteldach; im 19. Jahrhundert errichtet, eingreifend verändert.

Lanckensburg

Gemeinde Altenkirchen

Herrenhaus des Mitte des 18. Jahrhunderts im bis dahin "Züssitz" genannten Dorf entstandenen Gutes. Eingeschossiger verputzter Backsteinbau, dreigeschossiger turmartiger Anbau, Krüppelwalmdach; im 18. Jh. errichtet, um 1910 erweitert und umgebaut, nach 1960 abgängig.

Lebbin

Gemeinde Neuenkirchen

Herrenhaus des wohl im 16. Jahrhundert entstandenen Gutes. Eingeschossiger Backsteinbau, Satteldach, jüngere Mittelrisalite, geschweifte Giebel und Dachreiter, Satteldach; im 18. Jh. errichtet, 1822 und nach 1882 umgebaut, nach 1960 abgängig.

Abb. 53: Libnitz, Herrenhaus von Südwesten

Libnitz

Gemeinde Trent

Von Fürst Wizlaw I. erhielt das Kloster
Bergen 1242 durch einen Tausch den
Ort, der bis zur Reformation in seinem
Eigentum verblieb. Danach gelangte
Libnitz zu Udars und gehörte 1747
zwei Bergener Geistlichen, die das Bauerndorf zu einem Hof umgewandelt
hatten. In der Folgezeit wechselten die
Besitzer des Gutes häufig. Wohl zu
Beginn des 20. Jahrhunderts gelangte
es an die Familie Meyer-Sarnow. Seit
der 1945 erfolgten Enteignung wird
das Herrenhaus als Mehrfamilienwohnhaus genutzt.

Im Auftrag von Fritz Meyer entstand
angeblich 1912 das außergewöhnlich
stattliche und qualitätvolle neue Herrenhaus. Der nicht namentlich bekannte Architekt griff Traditionen des
norddeutschen Backsteinbaus auf und

scheint von der Frühen Sachlichkeit
Berlin und Hamburgs beeinflußt gewesen zu sein. Der über einem Souterraingeschoß errichtete zweigeschossige
Backsteinbau besteht aus zwei im rechten Winkel zugeordneten Teilen, die
von ineinander übergehenden Walmdächern abgeschlossen werden. Durch
zwei unterschiedlich hohe Ecktürme,
das halbrund aus der Eingangsfront
vortretende Treppenhaus mit der geschwungenen Auffahrtsrampe, einen
rückseitigen Erker, Dachausbauten mit
Volutengiebeln und eine Loggia mit
darüberliegendem Balkon und vorgelagerter Terrasse wird der Bau reich gegliedert.

An den Brüstungspfeilern des Balkons
befinden sich zwei Steinreliefs mit bild-
lichen Darstellungen aus der Landwirtschaft und neben dem Haupteingang
eine Wappentafel. Die bauzeitlichen
Außenlampen und die schmiedeeiser-

Abb. 54 - 55: Libnitz, Herrenhaus, Glasfenster im Treppenhaus

nen Geländer sind weitgehend erhalten, aber zumeist desolat.

Im Inneren, das in vielen Bereichen seit der Bauzeit unverändert blieb, ist die repräsentative Eingangs- und Treppenhalle besonders beachtenswert. Holzvertäfelungen, eine bemalte Balkendecke, die großzügige Podesttreppe mit der anschließenden Galerie und einem aufwendig gearbeiteten Geländer tragen ebenso zum Gesamtbild bei, wie die interessante Deckenlampe und die von der Berliner Werkstatt G. Heinersdorff geschaffenen sieben Buntglasfenster mit szenischen Darstellungen.

Ein ausgedehnter, jetzt verwilderter Park erstreckt sich im Süden der gesamten, in ihrer Architektur ebenfalls anspruchsvollen Gutsanlage. Hier steht auch ein neoklassizistisches Mausoleum der Familie Meyer-Sarnow, das in Formen eines griechischen Prostylos errichtet wurde.

69

Abb. 56: Libnitz, Herrenhaus, Diele und Treppenhaus
Abb. 57: Liddow, Herrenhaus von Westen über den Liddower Strom

Liddow

Gemeinde Neuenkirchen

In dem 1318 erstmals urkundlich er- wähnten Ort, als dessen früheste Besit- zer Mitglieder der Familie von Pase- walk bekannt sind, gab es 1532 zwei sogenannte Wohnhöfe. Im 17. Jahr- hundert ging Liddow an die Familie von Ahnen und im 18. Jahrhundert an die Familie von Normann über, bei der das Gut bis 1860 verblieb. In der Fol- gezeit wechselten die Eigentümer der Anlage mehrfach. 1945 wurde das Gut enteignet.

Das Herrenhaus besteht aus zwei ein- geschossigen verputzten Backsteinbau- ten unter Krüppelwalmdächern, die im rechten Winkel aneinandergebaut

sind. Beide entstanden wohl im 18. Jahrhundert, aber nicht gleichzeitig. Das offenbar Jüngere ist an den Gebäu- dekanten mit einer Putzquaderung ver- sehen und verfügt über einen korbbo- gigen Eingang. Auffallend sind die ver- hältnismäßig großformatigen Kreuz- stockfenster.

Die Anlage wird durch ihre malerische Lage auf dem Ruschwitzer Haken, un- mittelbar am Küstenabfall zum Tetzit- zer See charakterisiert. Bereits 1732 be- schrieb der Chronist Wackenroder in einem zeitgenössischem Bericht Lid- dow als ein "adeliches Gut", das "einen gar angenehmen Prospect vorstellt" und als "eines der plaisirlichsten Höfe in Rügen", "weil es mit Holtz und Fischerey versehen" sei.

Abb. 58: Lietzow, Blick über den Damm zum "Schlößchen"

Lietzow

Kein Herrenhaus oder Schloß im eigentlichen Sinne ist das sogenannte "Schlößchen" nördlich von Lietzow, das man durch seine exponierte Lage am Südhang der Semperheide schon von weitem sehen kann. 1868 wurde das Wohnhaus als getreue Kopie des 1839 durch Umbau einer mittelalterlichen Burg entstandenen Schlosses Lichtenstein bei Reutlingen in der Schwäbischen Alb erbaut. Auftraggeber war der Architekt und leitende Ingenieur des Dammbaus zwischen dem rügenschen Festland und der hier bis dahin nur vermittels einer Fähre er-

reichbaren Halbinsel Jasmund sowie des Eisenbahnbaus auf der Insel Rügen.

Heute vermag der verputzte Bau mit seinen Treppengiebeln und dem runden fünfgeschossigen Turm Zeugnis darüber abzulegen, wie nahe sich im 19. Jahrhundert bereits der Adelssitz und das bürgerliche Wohnhaus in ihrem Erscheinungsbild gekommen waren. Nur wenige Herrenhäuser dieser Zeit können mit dem Gestaltungsaufwand des "Schlößchens" konkurrieren und oftmals hält man sie eher für Wohnhäuser eines Bauernhofes als für Herrenhäuser eines Gutes.

Abb. 59: Lipsitz, Herrenhaus von Nordwesten

Lipsitz

Gemeinde Thesenvitz

Bereits 1307 wurde das Dorf erstmals urkundlich erwähnt und befand sich damals wohl in Händen verschiedener Besitzer. Einen Hof besaß im 14. Jahrhundert bereits die Familie von der Lancken, sie verkauften ihn aber schon 1382 an das Haus Putbus. 1603 gelangte deren gesamter Anteil an die Familie von Osten und 1730 erwarb die Familie von Platen Lipsitz. Bis zum Ende des 18. Jahrhunderts wurden nach und nach alle Bauernhöfe zugunsten des Gutshofes gelegt. 1829 erwarb die Familie von Wakenitz das Anwesen und

1834 ging es an die 1816 in den Schwedischen Freiherrnstand erhobene Familie von der Lancken-Wakenitz über. In deren Besitz verblieb das Gut bis zur 1945 erfolgten Enteignung.

Das schlichte Herrenhaus, ein unverputzter Backsteinbau über einem Feldsteinsockel, stammt aus dem Ende des 19. Jahrhunderts. Die Giebelfelder des Krüppelwalmdaches sind als Sichtfachwerkkonstruktion mit Ziegelfüllung ausgeführt.

Eine breitgelagerte Gaube mit dreieckigem Frontispiz und Lünettenfenster charakterisiert die hofseitige Trauffront. Der mittige Eingang mit den

73

beiden flankierenden Fenstern ist durch ein risalitartig vorgesetztes Feld betont. Auch die Gebäudekanten wurden um Halbsteinbreite vorgezogen. Eine kleine Freitreppe führt zur Eingangstür. Noch in den 60er Jahren fand diese durch ihre Verglasung besondere Beachtung, da hier Bruchstücke von um 1500 entstandenen Glasfenstern aus der im 1. Weltkrieg zerstörten gotischen Kathedrale von Rouen in Frankreich eingesetzt worden waren. Von dem sich südöstlich an das Herrenhaus anschließenden Park blieben Teile des alten Baumbestandes erhalten.

Lobkevitz
Gemeinde Breege
Herrenhaus des 1842 entstandenen Gutes. Eingeschossiger verputzter Bau, mittiges Zwerchhaus und Eingangsvorbau, Satteldach; Mitte des 19. Jahrhunderts errichtet, eingreifend verändert.

Losentitz
Gemeinde Zudar
Im Verlaufe des 16. Jahrhunderts ent-
wickelte sich im 1314 erstmals urkundlich erwähnten Bauerndorf ein Adelshof der Familie von Berglase. Allerdings blieb daneben zumindest ein bäuerlichen Anwesen bestehen. In der Mitte des 18. Jahrhunderts erwarb die Familie des schwedischen Reichsrats Graf von Löwen das Gut, veräußerte es aber ebenso wie das auch in seinem Besitz befindliche Gut Groß Schoritz bereits 1767 wieder. Es kam an die Familie des rügenschen Bauerngeschlechts Diek, die 1768 den erbetenen Adelstitel erhielt und sich fortan von Dyke nennen durfte. 1818 wurde Losentitz zum Eigengut und verblieb bis zur Enteignung 1945 im Familienbesitz. Das Herrenhaus wird als Mehrfamilienwohnhaus genutzt.

Unter Otto von Dyke erfolgte eine großzügige und umfassende Umgestaltung der Gutsanlage. Das stattliche zweieinhalbgeschossige, auf hohem Kellergeschoß und unter Satteldach errichtete Herrenhaus, ein roter Klinkerbau mit gliedernden Streifen aus

Abb. 60: Lobkevitz, Herrenhaus, Hofseite
Abb. 61: Losentitz, Herrenhaus von Osten

Abb. 62: Losentitz, Herrenhaus, Decke im Erdgeschoßflur

schwarz lasierten Steinen, wurde 1892 erbaut. An der Ecke seiner südöstlichen Längsseite ist asymmetrisch das Treppenhaus als risalitartiger, verputzter Baukörper mit Schweifgiebel vorgesetzt, an der östlichen Schmalseite der ebenfalls verputzte Eingangsvorbau mit Balkon und vorgelagerter Terrasse.

Im Inneren haben sich eine Vielzahl bauzeitlicher Ausstattungen erhalten. Dazu gehören das Treppenhaus mit seinem gußeisernen Geländer, den stukkierten Wandflächen und der farbigen Rautenverglasung ebenso wie die hölzernen Wandvertäfelungen und die Innentüren. Ungewöhnlich sind die ornamental stukkierten preußischen Kappendecken der Mittelflure aller drei Geschosse.

Bereits zu Beginn des 19. Jahrhunderts berichtete Johann Jacob Grümbke in

seinen rügenschen Reisebriefen begeistert von der großen Plantage mit ausländischen Bäumen, Stauden und anderen seltenen Gewächsen, die der Besitzer, Moritz Ulrich von Dyke, "ein einsichtsvoller und sehr würdiger Mann", angelegt habe und die damals als Arboretum bekannt war. Eine Vielzahl der Bäume und Pflanzen blieben im zwischenzeitlich wieder gepflegten Park erhalten.

Luppath

Gemeinde Poseritz

Herrenhaus des wohl im 19. Jahrhundert entstandenen Gutes. Eineinhalbgeschossiger, schmuckloser Backsteinbau auf hohem Sockelgeschoß, Satteldach; im 19. Jahrhundert errichtet, verändert.

76

Abb. 63: Maltzien, Herrenhaus von Nordwesten

Lüßvitz

Gemeinde Ummanz

Herrenhaus des wohl im 17. Jahrhundert entstandenen Gutes. Eingeschossiger verputzter Bau; im 19. Jahrhundert errichtet, eingreifend verändert.

Lüttkevitz

Gemeinde Wiek

Herrenhaus des wohl im 16. Jahrhundert entstandenen Gutes. Eingeschossiger Fachwerkbau, Satteldach; Ende 18. Jahrhundert errichtet, nach 1960 abgängig.

Maltzien

Gemeinde Zudar

1314 fand der Ort erstmals urkundliche Erwähnung, spätestens seit dem 16. Jahrhundert gehörte er der Familie von Kahlden. Neben deren Wohnhof gab es in Maltzien immer einige Bauernhöfe, die man erst in späterer Zeit zu Einliegerkaten umwandelte. Zumindest seit dem frühen 20. Jahrhundert befand sich die Gutsanlage in bürgerlichem Besitz und wurde 1945 enteignet. Zunächst verschiedenen Nutzungen zugeführt, diente das Herrenhaus bis vor wenigen Jahren als Schulgebäude und

beherbergt derzeit neben einigen Wohnungen auch Gewerberäume.

Die Familie von Kahlden ließ sich in der 2. Hälfte des 19. Jahrhunderts den stattlichen Neubau in Formen der Gotik errichten. Obwohl nur eingeschossig, ist das Herrenhaus durch ein hohes Sockelgeschoß, das durch einen Kniestock nutzbar gemachte Dach und die beiden zweigeschossigen Risalite sowie den dreigeschossigen Turmbau an der Südseite von beträchtlichen Ausmaßen. Die beiden, mit Satteldächern versehenen Hauptflügel stehen T-förmig zueinander. Ihre Giebel sind ebenso wie die der Risalite abgetreppt und die Fenster segment- und zum Teil rundbogig geschlossen. Im aufwendig gestalteten rundbogigen Haupteingang hat sich die bauzeitliche Haustür erhalten. Auffällig sind die verwendeten und für die Region untypischen gelben Klinker, die in regelmäßigen Abständen von Streifen aus flachen roten Ziegeln unterbrochen werden. Mit diesem Material hat man auch alle Fenster- und Türrahmungen, Gesimse und Treppengiebel hervorgehoben. Im Giebel des westlichen Risalits ist das Kahldensche Familienwappen, ein Löwenkopf im geschweiften Wappenschild und die Devise "In Deo fortitudo" eingefügt. Zwei weitere Löwenköpfe und das Zifferblatt einer Uhr zieren in runden Feldern die Obergeschosse des Turmes.

In Resten steht noch die wohl zeitglei-

Abb. 64: Maltzien,
Herrenhaus, Wappen der Familie von
Kahlden am Giebel des westlichen Risalits

che Umfassungsmauer des Gutsgeländes. Von der Parkanlage blieben nur einige wenige stattliche Einzelbäume bestehen.

Marlow
Gemeinde Sagard

Herrenhaus des wohl im 15. Jahrhundert entstandenen Gutes. Eingeschossiger Backsteinbau auf Feldsteinsockel, Satteldach; im 19. Jahrhundert errichtet, verändert.

Mattchow
Gemeinde Altenkirchen

Herrenhaus des wohl im 16. Jahrhundert entstandenen Gutes. Zweigeschossiger verputzter Bau mit zwei parallelen Flügeln, Krüppelwalmdächer; um 1800 errichtet, nach 1960 abgebrannt und die Reste abgerissen.

Mellnitz
Gemeinde Poseritz

Herrenhaus des wohl im 17. Jahrhundert entstandenen Gutes. Eingeschossiger verputzter Backsteinbau auf Feldsteinsockel, Dreiecksgiebel des breiten mittigen Zwerchhauses durch Schleppdach ersetzt; im 19. Jahrhundert errichtet, eingreifend verändert.

Moisselbritz
Gemeinde Rappin

Herrenhaus des wohl im 14. Jahrhundert entstandenen Gutes. Eingeschossiger verputzter Bau, Satteldach; im 19. Jahrhundert errichtet, eingreifend verändert.

Mönkendorf

Gemeinde Sagard

Herrenhaus des 1791 entstandenen Gutes. Zweigeschossiger verputzter Bau, Satteldach; im 19. Jahrhundert errichtet, eingreifend verändert.

Mönkvitz

Gemeinde Parchtitz

Herrenhaus des wohl im 17. Jahrhundert entstandenen Gutes. Eingeschossiger verputzter Bau, zweigeschossiger Mittelrisalit, im Frontispiz Lünettenfenster, Satteldach; im 19. Jahrhundert errichtet, verändert, ungenutzt, im Verfall.

Muhlitz

Gemeinde Samtens

Herrenhaus des wohl im 16. Jahrhundert als Nebengut zu Plüggentin entstandenen Gutes. Eingeschossiger verputzter Backsteinbau, Frontispiz, Altan, Krüppelwalmdach; Mitte 19. Jahrhundert errichtet, nach 1960 abgängig.

Nadelitz

Gemeinde Putbus

Herrenhaus des wohl im 17. Jahrhundert entstandenen Gutes nach 1945 abgängig, auf dem erhaltenen Sockel aus Abbruchmaterial zwei Neubauernhäuser errichtet.

Natzevitz

Gemeinde Samtens

Herrenhaus des wohl im 16. Jahrhundert entstandenen Gutes. Eingeschossiger verputzter Bau, Krüppelwalmdach, asymmetrisch vorgelagerter Querbau mit Mansarddach; Ende 19. Jahrhundert errichtet, verändert.

Neddesitz

Gemeinde Sagard

In der Nähe des Dorfes Neddesitz, das seit dem 16. Jahrhundert zur Herrschaft Spyker gehörte und mit dieser 1815 an das Haus Putbus fiel, wurde im 19. Jahrhundert ein Kreidebruch angelegt. Um die Jahrhundertwende

Abb. 65: Mönkendorf, Herrenhaus von Nordosten

Abb. 66: Neddesitz, Herrenhaus, Hofseite

entstand die große Villa des damaligen Eigentümers Gierke und nach 1920 eine zugehörige landwirtschaftliche Gutsanlage. Diese wurde 1945 enteignet, das Kreidewerk um 1950 in Volkseigentum überführt und bis zur Gründung des neuen Kreidewerkes Klementelvitz 1963 betrieben.

Das 1901 errichtete Herrenhaus ist ein stattlicher und weithin sichtbarer zweigeschossiger Putzbau über Souterraingeschoß mit Feldsteinsockel. Das Krüppelwalmdach wird hofseitig durch ein breitgelagertes mittiges Zwerchhaus mit Dreiecksgiebel und zwei seitliche Fledermausgauben charakterisiert. Eine geschwungene Freitreppe führt zum zentral gelegenen Haupteingang, vor dem

sich ein schmaler, geschlossener Altan befindet. An der Gartenseite dominiert ein geschwungener Frontispiz die Dachfläche. Dem Erdgeschoß ist asymmetrisch ein eingeschossiger Anbau mit einer aufgestelzten Terrasse und Freitreppe zum ansteigenden Garten vorgelagert. An der östlichen Schmalseite sind in einem kleinen zurückgesetzten Anbau der Dienstboten- und Kellereingang angeordnet.

Die Fassadengestaltung des Herrenhauses zeigt sich in einem dem Neobarock verpflichteten Jugendstil. Aufgeputzte Pilaster mit Phantasiekapitellen, ornamentale Brüstungsfelder am Balkon, den Freitreppen und zwischen den Erd- und Obergeschoßfenstern sowie die reich ausgebildeten und figür-

lich bzw. ornamental gestalteten Giebelfelder prägen den Bau ebenso wie die fast ausnahmslos erhaltenen bauzeitlichen Fenster mit ihren klaren Teilungen. In der Eingangshalle und dem Treppenhaus sind ebenfalls noch bauzeitliche Ausstattungen vorhanden. Im gartenseitigen Anbau befindet sich ein älteres Puttenrelief.

Der großzügige Garten schließt nördlich an das Herrenhaus an. Von Süden führt eine breite Lindenallee vorbei an den aufwendig gestalteten und symmetrisch stehenden Wirtschaftsgebäuden zum hofseitigen Rondell.

Neklade
Gemeinde Bergen

Herrenhaus des wohl im 17. Jahrhundert entstandenen Gutes. Eingeschossiger verputzter Backsteinbau, Mansarddach, durch zweigeschossigen Anbau mit halbrundem Eckturm und teilweise Aufstockung erweitert; um 1800 errichtet, Ende 19. Jahrhundert umgebaut, wie das Gut um 1980 abgerissen.

Abb. 67: Neddesitz,
Herrenhaus, Fassadendetail

Neparmitz
Gemeinde Poseritz

Der 1318 erstmals urkundlich erwähnte Ort wechselte im Verlaufe seiner Geschichte sehr oft die Eigentümer, unter anderen waren auch die rügenschen Adelsfamilien von Raden, von Ahnen und von Usedom vorübergehend im Besitz des Dorfes. Im 17. Jahrhundert entstand ein Adelsgut, zu dessen Gunsten die meisten der Bauernhöfe gelegt und infolge dessen Neparmitz partiell wüst wurde. Ende des 18. Jahrhunderts kam das Gut in den Besitz der Familie von Smiterlöw, aber auch sie veräußerte es bald weiter. Wohl seit dem Beginn des 20. Jahrhunderts gehörte es einer bürgerlichen Familie aus der Gegend von Magdeburg, sie wurde 1945 enteignet.

Das kompakte zweieinhalbgeschossige Herrenhaus stammt aus der Mitte des 19. Jahrhunderts. Ursprünglich war es unverputzt und gelbe Klinkerstreifen gliederten den roten Backsteinbau. Wohl schon im 19. oder frühen 20. Jahrhundert wurde das Herrenhaus, dessen Pfettendach auf geschnitzten Kopfbändern auskragt, verputzt. Vor dem Haupteingang an der hofseitigen Schmalseite stand noch in den 60er Jahren ein inzwischen abgerissener Altan, bestehen blieb nur die geschwungene zweiläufige Auffahrtsrampe vor der korbbogig geschlossenen Haustür. Ein Mittelrisalit gliedert die gartenseitige Längsfront. In seinem Giebelfeld waren ursprünglich drei Lünettenfenster angeordnet, von denen zwei unverändert sind. Vor dem Mittelrisalit be-

Abb. 68: Neparmitz, Herrenhaus, Hof- und Gartenseite

findet sich eine Terrasse, die durch eine segmentbogige Tür aus dem Gartensaal erschlossen wird und über eine Freitreppe nach außen führt. An der rückwärtigen Schmalseite ist ein runder, ursprünglich zinnenbekrönter Wasserturm angefügt. Über dem Obergeschoß verläuft ein als Konsolfries ausgebildetes Kranzgesims, die Gebäudekanten und der Risalit werden durch Lisenen gegliedert.

Im Inneren sind noch eine Reihe interessanter Ausstattungsdetails wie Türen und farbige Bleiverglasungen vorhanden. Das bauzeitliche Treppenhaus zeichnet sich nach außen durch ein großes, asymmetrisch abgerundetes Fenster ab.
Südöstlich ist dem Herrenhaus ein jetzt verwildertes Parkareal zugeordnet.

Nesebanz

Gemeinde Gustow

Herrenhaus des wohl im 17. Jahrhundert entstandenen Gutes. Eingeschossiger Backsteinbau auf Feldsteinsockel, Krüppelwalmdach, bauzeitliche Haustür; Anfang 19. Jahrhundert errichtet.

Neuendorf

Gemeinde Neuenkirchen

Herrenhaus des wohl im 16. Jahrhundert entstandenen Gutes. Zweigeschossiger verputzter Backsteinbau auf hohem Sockelgeschoß, vier Gebäudetrakte um einen inneren Lichthof angeordnet, die seitlichen hof- und gartenseitig risalitartig vorgezogen, hofseitig Hauptportal und eingeschossiger Turm über dem mittigen Treppenhaus, gartenseitig Portikus, plastische Gliederung; Mitte 19. Jahrhundert errichtet, ungenutzt, im Verfall.

Neuendorf

Gemeinde Parchtitz

Herrenhaus des Anfang des 19. Jahrhunderts entstandenen Gutes. Eingeschossiger Backsteinbau auf Feldsteinsockel, Mittelrisalit mit flachem Walmdach, Satteldach; 1879 errichtet.

Neuendorf

Gemeinde Rambin

Herrenhaus des wohl im 17. Jahrhundert entstandenen Gutes; wie dieses nach 1960 abgängig.

Neuhof

Gemeinde Kasnevitz

Herrenhaus des wohl im 16. Jahrhundert entstandenen Gutes. Eingeschossiger, jetzt zum Teil verputzter Backsteinbau auf Feldsteinsockel, Reste der Gliederung erhalten, Mittelrisalit mit Frontispiz, Satteldach; Ende 19. Jahrhundert errichtet, eingreifend verändert.

Öhe

Gemeinde Schaprode

Herrenhaus des wohl im 14. Jahrhundert entstandenen Gutes; nach 1980 eingestürzt.

Abb. 69: Neuendorf bei Neuenkirchen, Herrenhaus, Hofseite südlicher Treppenturm von Osten

85

Pansevitz

Gemeinde Kluis

Nachweisbar seit dem 14. Jahrhundert befand sich der 1314 erstmals erwähnte Ort im Besitz der Familie von Krassow und kam im 19. Jahrhundert durch Heirat an die Familie der Fürsten von Inn- und Knyphausen. Zumindest seit dem 18. Jahrhundert gab es keine Bauernhöfe, sondern nur noch zum Gut gehörige Einliegerwohnhäuser in Pansevitz. 1945 ist die Gutsanlage enteignet worden. Im Herrenhaus wohnten in der Folgezeit mehrere Familien und es wurde auch noch in den 50er Jahren zumindest teilweise instandgesetzt. Nach Auszug der letzten Bewohner diente das unter Denkmalschutz stehende, aber mehr und mehr verfallende Herrenhaus in den 80er Jahren als

Steinbruch (siehe auch Abb. 9) und bietet sich jetzt dem Besucher als Ruine dar. Das östlich der Hofanlage befindliche barocke Kavalierhaus steht bereits seit mehr als zehn Jahren leer.

Noch sind vom Herrenhaus, einer im Kern um 1600 errichteten U-förmigen Anlage, einzelne Bauteile, der Grundriß und der gepflasterte Hof erkennbar. Im 18. Jahrhundert wurden der Hauptbau sowie auch der südliche Seitenflügel umgebaut. Nachdem der Renaissancebau nicht mehr den Anforderungen genügte und wohl baufällig geworden war, entstand zwischen 1859 und 1870 der nördliche Seitenflügel in aufwendigen historistischen Formen der deutschen Renaissance auf den Substruktionen des Vorgängerbaus von 1597 neu. Zeitgleich erfuhr der Mittelteil des zweigeschossigen Hauptgebäu-

Abb. 72: Pansevitz, Ruine des Herrenhauses, Detail des nördlichen Treppenturmes

des mit der Durchfahrt eine Überformung im gleichen Stil. Die Reste des stattlichen Herrenhauses lassen sowohl große Teile der noch mit Backsteinen des Klosterformats und in seinem Inneren als Fachwerkkonstruktion errichteten Kernbaus, als auch die Qualität der Umbauten des 19. Jahrhunderts erkennen. An den Bauteilen, die nicht dem gewaltsamen Abriß zum Opfer fielen, blieb der aufwendig gestaltete Putz mit den reich geschmückten Bukranienfriesen erhalten.

Das eingeschossige Kavalierhaus mit dem ausgebauten Walmdach wurde Ende des 18. Jahrhunderts als Fach-

werkkonstruktion über einem Feldsteinsockel erbaut und weist noch Spuren des ursprünglichen Putzes und einer blau-weißen Farbfassung auf. Ein lünettenförmiges Oberlicht betont die zum Herrenhaus gerichtete Haustür. Im zunehmend verwahrlosenden Inneren deutet noch eine barocke Füllungstür auf die Qualität der bauzeitlichen Ausstattung hin.

Zu Beginn des 19. Jahrhunderts gestaltete man den vermutlich schon im 16. Jahrhundert entstandenen weiträumigen Park um und beseitigte dabei auch den frühbarocken Teil westlich des Herrenhauses. Heute lassen sich in der verwilderten Anlage nur noch Reste des alten Baumbestandes und der Alleen erkennen.

Parchow

Gemeinde Wiek

In einer Urkunde aus dem Jahr 1314 wurde Parchow erstmals erwähnt. Von der Familie von Viersen, denen der Ort ursprünglich gehörte, ging er 1561 an die Familie von Platen über. Sie begründete das Gut und legte bis 1583 die bisher hier ansässigen Bauern. Parchow besteht seither nur aus dem Gutshof, der bis 1909 bei den von Platen verblieb. In jenem Jahr kaufte ihn Th. Witthohn, der in den 20er Jahren einen großen Teil der landwirtschaftlichen Gebäude neu errichten ließ. 1945 wurde das Gut enteignet.

Mittelpunkt der Gutsanlage ist das als "Altes Haus" bezeichnete Herrenhaus, das aus der Zeit um 1840 stammt und von dem man weiß, daß es der Nachfolgebau des 1580 entstandenen ersten Adelshofes war. Dieser Renaissancebau blieb zunächst erhalten und wurde durch einen großen Saal mit dem neuen Haus verbunden. Nur noch das jüngere, aber sogenannte "Alte Haus" existiert. Der verhältnismäßig kleine eingeschossige Backsteinbau ist verputzt und über einem flachen Sockel errichtet. Hofseitig bestimmt ein im Krüppelwalmdach eingefügtes großes Zwerchhaus über dem durchlaufenden Traufgesims das äußere Erscheinungsbild. Sein abgestuftes Giebeldreieck wird von drei palmettenförmigen Akroterien bekrönt und durch ein mittleres Rundfenster belichtet. Die hofseitige Haustür mit dem korbbogigen Oberlicht und die Gebäudekanten werden durch Putzrustizierungen betont, allerdings hat sich die der Tür nur fragmentarisch erhalten. Die von kräftig profilierten Putzfaschen gerahmten Fenster sind segmentbogig geschlossen.

Das Haus steht schon einige Jahre leer und befindet sich bereits im Verfall. Unmittelbar südlich schließt an das Her-

Abb. 73: Pansevitz, Kavalierhaus, Hofseite

Abb. 74: Parchow, Verwalter- und Herrenhaus von Nordwesten
Abb. 75: Herrenhaus, Hofseite

renhaus ein flacher eingeschossiger und jetzt ebenfalls ungenutzter Bau unter Satteldach an. Nördlich wurde durch einen jüngeren Verbindungstrakt ein eingeschossiges und mit Satteldach versehenes Gebäude baulich mit dem Herrenhaus verbunden. Sein dem ansteigenden Gelände angepaßtes Sockelgeschoß ist zum Teil als Keller ausgebildet. Vermutlich handelt es sich bei diesem, auch in der Mitte des 19. Jahrhunderts errichteten Bau um ein Verwalterhaus. Die korbbogig geschlossene Haustür wird von zwei schmalen Fenstern flankiert. Die übrigen hochrechteckigen Fenster sind mit einfa-

chen Putzfaschen gerahmt. Eine schlichte Freitreppe führt zum Eingang.

Hofseitig ist dem Herrenhaus ein Rasenparterre vorgelagert, das von hohen Kastanien umstanden wird. Im Osten schließt sich ein verwildertes Parkareal mit altem Baumbestand an, dessen Konturen nur noch auf historischen Karten erkennbar sind.

Parchtitz

Herrenhaus des wohl im 19. Jahrhundert entstandenen Gutes. Eingeschossiger Backsteinbau auf Feldsteinsockel, Krüppelwalmdach; im 19. Jahrhundert errichtet, ungenutzt, im Verfall.

Abb. 76: Pastitz, Herrenhaus von Nordwesten

Pastitz

Gemeinde Putbus

1318 fand der Ort erstmals urkundliche Erwähnung. Mit Ausnahme einiger Jahrzehnte zwischen 1442 und 1532 gehörte das Bauerndorf zum Besitz der Familie von Putbus. 1782 gab es nur noch eine Ziegelei am Ort, in der Folgezeit entstand ein Vorwerk. Das Gut Neu-Pastitz wurde 1760 anstelle der gelegten Bauernhöfe von Alt-Pastitz angelegt und befand sich bis zur Bodenreform im Besitz derer von Putbus. Bis 1987 war das jetzt ungenutzte Herrenhaus bewohnt, seitdem verfällt es zusehends.

Der neubarocke verputzte Backsteinbau ist eingeschossig über einem Feldsteinsockel und unter einem steilen Walmdach errichtet und seine Gestaltung vergleichsweise sehr aufwendig.

Der Frontispiz des Mittelrisalits und die Schmalseiten der beiden Anbauten sind mit geschweiften Volutengiebeln, abschließenden Dreiecksfeldern und Bekrönungen versehen. Zusätzlich betonen ein dreieckiger erdgeschossiger Vorbau und zwei stehende Gauben die Hauptfront des Herrenhauses. Markantestes Bauteil ist aber der asymmetrisch angefügte zweigeschossige Rundturm mit seinem hohen, ursprünglich kupfergedeckten Spitzhelm.

Die bauzeitlichen Kunststeinrahmungen der hochrechteckigen Fenster und Türen wurden mit gekehlten Fasen gearbeitet. An verschiedenen Stellen der Fassade sind Reste einer wohl ursprünglichen, gelben Farbfassung erkennbar. Von der Ausstattung blieben nur wenige Teile erhalten, das meiste scheint erst in den letzten Jahren gewaltsam ausgebaut oder zerstört worden zu sein.

Abb. 77: Patzig-Hof, Herrenhaus, Hofseite

Patzig-Hof

Gemeinde Patzig

Die Entstehungszeit des schon immer zum benachbarten Patzig gehörenden Dorfes, das noch im 18. Jahrhundert Wustrow oder Wostrovitz hieß, ist nicht bekannt, sicher ist nur, daß die seit 1577 dort nachweisbaren beiden Bauernhöfe zu Beginn des 18. Jahrhunderts zugunsten eines Gutshofes der Grafen von Mellin gelegt wurden. 1740 kam das Gut in den Besitz des Rittmeisters Christian Rudolph von Feldberg. Ende des Jahrhunderts gehörten Dorf und Eigengut nachweisbar der Familie von Smiterlöw. In der Folgezeit wechselte aber zumindest das Gut noch einige Male den Besitzer und ging bald in bürgerliches Eigentum über. Wie eine Bauinschrift besagt, ließ sich 1867 der damalige Gutsherr, ein L. Raslow, das stattliche Herrenhaus erbauen. 1945 enteignet, diente es in der DDR zuletzt als Schulgebäude und steht derzeit leer.

Der zweigeschossige verputzte Backsteinbau wurde über einem hohen Sockelgeschoß in schlichten neugotischen Formen errichtet. Hofseitig gliedert ein Mittelrisalit die Fassade. Die mittlere Achse des Risalits ist nochmals leicht

93

vorgezogen. In seinem Obergeschoß dient ein hohes dreigeteiltes Fenster der Treppenhausbelichtung. Darüber sind drei Blendnischen mit stukkierten Kreuzpässen und ein abschließendes Zinnengesims angeordnet. Im dreieckigen Frontispiz befindet sich das Zifferblatt einer Uhr, deren Stundenglocke in einem Dachreiter über dem First des Risalits erhalten blieb. Zum zentral gelegenen Haupteingang mit den flankierenden bauzeitlichen Fenstern führt eine Freitreppe. Die Giebelseiten des Herrenhauses werden durch flache erkerartige Vorbauten gegliedert.

An der Gartenseite ist eine kleine Terrasse mit Freitreppe vorgelagert; eine ursprünglich parkartige Gestaltung des Gartens läßt sich allerdings nicht nachweisen und war zumindest seit 1925 nicht mehr vorhanden.

Philippshagen
Gemeinde Middelhagen

Herrenhaus des 1608 entstandenen Gutes. Eingeschossiger Backsteinbau

auf Feldsteinsockel, hofseitiges, mittiges Zwerchhaus mit Putzgliederung und aufgemaltem Zifferblatt, Satteldach, bauzeitliche Haustür; Ende 19. Jahrhundert errichtet, eingreifend verändert.

Platvitz
Gemeinde Parchtitz

Herrenhaus des wohl im 17. Jahrhundert entstandenen Gutes. Eingeschossiger verputzter Backsteinbau auf hohem Kellergeschoß, Frontispiz mit Lünettenfenster, Krüppelwalmdach; um 1800 errichtet, nach 1960 eingestürzt, Keller noch erkennbar.

Pluckow
Gemeinde Sagard

Herrenhaus des wohl im 16. Jahrhundert entstandenen Gutes. Eingeschossiger verputzter Backsteinbau, Eingangsvorbau, Putzquaderung, Satteldach; 1. Hälfte 19. Jahrhundert errichtet, wie das Gut nach 1960 abgängig, Wüstung.

Abb. 78: Philippshagen, Herrenhaus, Hofseite

Abb. 79: Plüggentin, Herrenhaus, Hofseite

Plüggentin

Gemeinde Samtens

Jahrhundertelang hatte die Familie von der Osten ihren Stammsitz im 1314 erstmals urkundlich erwähnten Plüggentin. Anfang des 18. Jahrhunderts wurde das Gut mit den zugehörigen Besitzungen verpfändet und gelangte nach 1760 an die Familie von der Lankken. Um die letzte Jahrhundertwende kam es abermals zum Wechsel der Eigentümer. 1945 erfolgte die Enteignung des damals in bürgerlichem Besitz befindlichen Gutes. In den letzten vierzig Jahren diente das Herrenhaus unterschiedlichsten Zwecken, derzeit beherbergt das zum Teil ungenutzte Gebäude eine Apotheke und einige Wohnungen.

Vor einem wohl aus dem frühen 18. Jahrhundert stammenden Bau, der als rückwärtiger Flügel bestehen blieb, wur-

de noch vor 1800 ein neues zweigeschossiges Herrenhaus errichtet, das Ende des 19. Jahrhunderts eine Umgestaltung erfuhr. Der ursprünglich schlichte verputzte Backsteinbau über dem sockelartig wirkenden Kellergeschoß, der nur durch ein flaches Mittelrisalit und den pilastergerahmten und von einem Dreiecksgiebel bekrönten Haupteingang sowie eine darüberliegende große Fledermausgaube im Krüppelwalmdach gestaltet war, wurde mit einer aufwendigeren Putzgliederung versehen.

Im Inneren haben sich im alten Haus aus der Erbauungszeit unter anderem die zweigeschossige Treppenhalle mit dem barocken Treppengeländer aus geschweiften Brettbalustern und ein kreuzgratgewölbter Raum mit zarten Deckenstukkaturen und einer Kaminrahmung erhalten. Aus der Zeit der historischen Umgestaltung stammen nicht nur ein

95

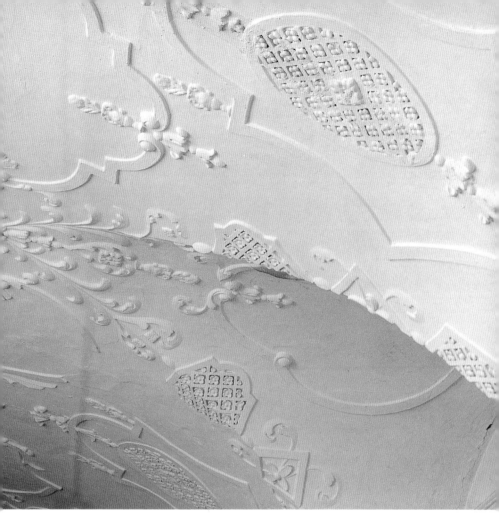

Abb. 80: Plüggentin, Herrenhaus, Türrahmung im Erdgeschoß
Abb. 81: kreuzgratgewölbte Stuckdecke

Großteil der Fenster mit Innenläden und verschiedene Innentüren, sondern auch einige besonders aufwendige Interieurs im Erdgeschoß. Ein Raum ist mit einer hölzernen Kassettendecke und Wandvertäfelungen versehen. Zu einem kleinen Anbau führt eine aufwendig gestaltete Öffnung, die von gewundenen Säulen mit Kompositkapitellen gerahmt und rundbogigen Arkaden bekrönt wird. Teile dieser Rahmung könnten in Zweitverwendung aus dem barocken Bau stammen. In anderen Räumen existieren noch schwere Stuckdecken.

97

Abb. 82: Poggenhof, Herrenhaus, Hofseite

Poggenhof

Gemeinde Schaprode

Über die Frühgeschichte des Dorfes herrscht Unsicherheit. 1420 gehörte die damals noch Poggendorf genannte Siedlung zum wohl ursprünglichen Grundbesitz der Familie von Platen, wurde aber schon 1456 an das Kloster Hiddensee veräußert und kam nach der Reformation in Dominialbesitz. 1732 legte die Familie von Lotzow die Bauern des nunmehr Poggenhof genannten Dorfes zugunsten eines adligen Hofes. Mitte des 18. Jahrhunderts gelangte das Gut in den Besitz der Familie von Nimpsch und 1842 zurück an die Familie von Platen. 1945 wurde es enteignet.

Das Herrenhaus entstand in der 2. Hälfte des 19. Jahrhunderts. Der eineinhalbgeschossige verputzte Backsteinbau ist über einem Sockel errichtet. Dem flachen Satteldach sind neugotische Schaugiebel vorgestellt, die eine Zweigeschossigkeit vortäuschen. Sie sind an den Ecken und den Seiten der um ein weiteres Halbgeschoß erhöhten Mittelachsen mit Fialen besetzt, die am Obergeschoß auf korinthischen Konsolen ihren Ausgang nehmen, leicht vorgezogen und von flachen Zeltdächern bekrönt sind. Einfache Putzgesimse und -faschen, Fensterverdachungen und ein Zinnenfries unter der Traufe gliedern die Fassade. Als kurios müssen die steinernen Rolläden bezeichnet werden, die an den seitlichen Giebelfenstern der Obergeschosse das hier schon ansetzende Satteldach kaschieren. Zur bauzeitlichen Haustür führt eine kleine Freitreppe.

Südwestlich schließt sich ein ursprünglich aufwendig gestalteter Park an das Herrenhaus an. Neben verschiedenen alten Bäumen blieben Teile des begrenzenden gußeisernen Zaunes erhalten.

98

Abb. 83: Poissow, Ruine des Herrenhauses

Poissow

Gemeinde Lohme

Nur beispielhaft kann das erst nach 1960 wüst gewordene Gutsdorf für eine Reihe vergleichbarer Fälle stehen, teilen doch zumindest von den Gutsanlagen auf der Insel Rügen Goldevitz, Grosow, Pluckow, Quoltitz, Tangnitz und Varsnevitz dieses Schicksal. Nur selten läßt sich das verfallene Herrenhaus noch so eindeutig wie hier an baulichen Resten ausmachen. Zumeist ist es lediglich mit Hilfe von Archäobotanikern und historischem Kartenmaterial möglich, solche neuen Wüstungen zu finden.

Der hohe Phosphorgehalt abgängiger Wohnstätten und Stallungen führt zur schnellen Ausbreitung spezieller Ruinenvegetation. So markieren oft Brennesseln und Holunder exakt die Grundrisse nicht mehr vorhandener Bauten. In einigen Fällen sind auch noch die steinernen Substruktionen, gepflasterte Hofflächen, Zufahrtsalleen, Konturen einer Parkanlage oder ehemals vor dem Herrenhaus stehende Solitärbäume erkennbar. Aber auch Hilfsmittel gewaltsamer Abrisse wie Stahlseile und dergleichen blieben zuweilen liegen.

Die Gutsanlage Poissow, die wohl im 19. Jahrhundert in der Nachfolge einer zu Spyker gehörenden Kalkbrennerei entstanden ist und bis zur 1945 erfolgten Enteignung den Fürsten zu Putbus gehörte, verfiel nach 1960.

Nicht mehr lange werden der jetzt schon eingestürzte Keller, die Hölzer des Fachwerkgefüges, profilierte Türrahmungen und die Reste der aus Feldsteinen errichteten Umfassungsmauer des um 1900 errichteten Herrenhauses von der einstigen Existenz eines Gutes künden.

Abb. 84: Poppelvitz bei Altefähr, Herrenhaus, Hofseite

Polkvitz
Gemeinde Sagard

Herrenhaus des wohl im 17. Jahrhundert entstandenen Gutes. Eingeschossiger Fachwerkbau mit vorgesetzter Backsteinfassade auf Feldsteinsockel, geputzte Eckrustizierung, Satteldach, im Inneren Reste der bauzeitlichen Ausstattung; Anfang 19. Jahrhundert errichtet, ungenutzt, im Verfall.

Poppelvitz
Gemeinde Altefähr

Bereits 1310 fand der Ort erstmals urkundliche Erwähnung. In den folgenden Jahrhunderten blieb Poppelvitz, das mindestens seit dem 16. Jahrhundert dem geistlichen Kaland in Stralsund gehörte, Bauerndorf. Bis zur Mitte des 18. Jahrhunderts ging der Ort weitgehend wüst und 1737 bestand nur noch ein Hof. Dieser verblieb bis zu Beginn des 20. Jahrhunderts im Besitz der Stralsunder Geistlichkeit.

Das weitgehend unveränderte Herrenhaus der Gutsanlage wurde zu Beginn des 19. Jahrhunderts erbaut. Der eingeschossige verputzte Backsteinbau ist auf einem Feldsteinsockel errichtet und mit einem Krüppelwalmdach abgeschlossen. Die fünf mittleren Achsen der Hoffront sind leicht vorgezogen und betonen so den Haupteingang mit der vorgelagerten kleinen Freitreppe. Erhalten blieb die klare Fassadengestaltung des ansonsten schlichten Hauses. Der Putz wird von einer flächigen Quaderritzung überzogen, die geohrten Putzfaschen der hochrechteckigen Fenster und Haustür wurden mit schmalen Verdachungen versehen. Die vierflügligen Fenster und die Haustür mit dem feststehenden Oberlicht stammen aus der Bauzeit des Hauses.

Unmittelbar neben dem Herrenhaus errichtete man um die Jahrhundertwende ein giebelständiges, eineinhalbgeschossiges Backsteinwohnhaus mit flachem, auf geschnitzten Kopfbändern auskragendem Pfettendach, das sich ebenfalls weitgehend original erhalten hat.

Von der Freiflächengestaltung des Hofraumes existieren noch einige polygonale Pfeiler am Rondell vor dem Herrenhaus. Südwestlich schließt sich eine Gartenanlage mit altem Baumbestand an.

Poppelvitz

Gemeinde Zudar

Herrenhaus des wohl im 17. Jahrhundert entstandenen Gutes. Eingeschossiger verputzter villenartiger Bau, zweigeschossiger Mittelrisalit, Frontispiz mit Lünettenfenster, halbrunder Vorbau mit darüber liegendem Balkon mit Devise "Cave Gryphem" und Wappen am Erdgeschoß, weiter bauzeitliche Anbauten seitlich und zum Garten, der seitliche Eingang durch Risalit betont, unter dem hier vorgesetzen Balkon ein Allianzwappen, Mansarddach; um 1915 errichtet.

Poseritz

Gemeinde Poseritz

Herrenhaus des wohl im 14. Jahrhundert entstandenen Gutes. Eingeschossiger verputzter Bau mit Lisenen, mittiges Zwerchhaus, ältere Haustür, Krüppelwalmdach; Anfang 19. Jahrhundert errichtet, eingreifend verändert.

Abb. 85: Poppelvitz bei Zudar, Herrenhaus von Süden

Abb. 86: Posewald, Herrenhaus von Nordwesten

Posewald

Gemeinde Putbus

Der 1318 erstmals urkundlich erwähnte Ort gehörte wohl zum ursprünglichen Besitz der Familie von Putbus, ging aber bereits 1327 vorübergehend in andere Hände über. Erst im 15. Jahrhundert gelangte Posewald abermals an das Haus Putbus. Das im späten 16. oder 17. Jh. erfolgte partielle Wüstwerden des Dorfes steht vermutlich im Zusammenhang mit der Gründung des Adelshofes. 1687

kaufte Gustaf Ernst von Normann das Gut Posewald von der Stadt Stralsund, allerdings gelangte es bereits vor der Mitte des 18. Jahrhunderts wieder in den Besitz derer von Putbus, wo es als Vorwerk zum Gut Nadelitz bis zur Enteignung 1945 verblieb.

Angeblich nach Entwürfen von Johann Gottfried Steinmeyer entstand das nun von mehreren Familien bewohnte Herrenhaus in der 2. Hälfte des 19. Jahrhunderts. Der stattliche und kompakte Backsteinbau wurde über einem hohen Feldsteinkellergeschoß errichtet und ist verputzt. An einen zweigeschossigen Kernbau unter flachem Satteldach schließen sich an der Hauptfront seitlich vorgezogen zwei dreigeschossige, turmartige Bauteile an, die von sehr flachen Zeltdächern abgeschlossen werden. An diese sind wiederum zwei schmale Flügel angefügt, deren Satteldächer mit ihrer Firstrichtung im rechten Winkel zu dem des zentralen Bauteiles verlaufen. Die äußere Gestaltung ist sehr schlicht, nur die hochrechteckigen, segmentbogig geschlossenen Fenster sind mit Verdachungen versehen und die Traufen der Türme und die der hofseitigen Front mit einem Terrakottafries betont.

Für den sich nordöstlich an das Gutsareal anschließenden kleinen Park sollen 1864 von Peter Josef Lenné Entwürfe angefertigt worden sein.

Presenke
Gemeinde Altenkirchen

Herrenhaus des wohl im 16. Jahrhun-

dert entstandenen Gutes. Eingeschossiger verputzter Bau auf hohem Backsteinsockel, Satteldach; im 19. Jahrhundert errichtet, eingreifend verändert.

Prisvitz
Gemeinde Buschvitz

Herrenhaus des wohl im 14. Jahrhundert entstandenen Gutes. Eingeschossiger verputzter Bau, mittiges Zwerchhaus mit aufgemaltem Zifferblatt, Mansarddach mit zwei bauzeitlichen Gauben, in den Giebeln Lünettenfenster, bauzeitliche Haustür; im 19. Jahrhundert errichtet, verändert.

Prosnitz
Gemeinde Gustow

Herrenhaus des wohl im 16. Jahrhundert entstandenen Gutes. Eingeschossiger verputzter Backsteinbau auf geböschtem Feldsteinsockelgeschoß, mittiges Zwerchhaus, Putzgliederung, Haustür mit Putzrahmung und Freitreppe, Satteldach; Anfang 19. Jahrhundert errichtet, eingreifend verändert.

Abb. 87: Prisvitz, Herrenhaus, Hofseite

Putbus

Das Geschlecht derer zu Putbus kann seit dem 12. Jahrhundert nachgewiesen werden. Im 14. Jahrhundert gewann das Adelsgeschlecht nach bereits zuvor erfolgter Verbindung mit einer auf Vilmnitz ansässigen Nebenlinie des rügenschen Fürstenhauses und dem Aussterben der bisherigen Fürsten im Jahre 1325 als Haus Putbus die führende Stellung innerhalb der rügenschen Ritterschaft. An Stelle des späteren Ortes Putbus befand sich bereits um 1200 eine slawische Siedlung und eine Burgwallanlage mit festen Gebäuden als Sitz eines Edlen. Davon blieben ein Mauerzug aus Findlingen und ein großer gemauerter runder Brunnen bis zum Abriß des Schlosses 1960 unter dem Kellerfußboden erhalten. In dem ursprünglich von Mauern und tiefen Wallgräben umgebenen Areal entstand mit dem "Steinernen Haus" der 1371 erstmals erwähnte Wohnsitz derer von Putbus. Der gotische Bau mit seinen starken Wänden wurde erst nach 1827 abgebrochen. Im Keller des Nachfolgebaus hatten sich Teile seiner Außenwände erhalten. In der 2. Hälfte des 16. Jahrhunderts erweiterte man das sogenannte Steinhaus durch einen fast ebenso großen, im rechten Winkel angefügten Flügel, errichtete Ecktürme und umgab das Ganze mit einem ausgefütterten achteckigen Graben. Kurz nach 1600 wurde die Burg in eine dreiflüglige Schloßanlage mit einem offenen und nur durch einen niedrigen Vorbau mit minarettartigen Türmchen abgeriegelten Hof umgewandelt. Um 1700 war das Schloß stark baufällig und mußte um 1725 mit Ausnahme des gotischen Flügels und des Renaissancebaus fast vollständig erneuert werden. Die Front bildete nun ein langgestreckter Bau, der die Ecktürme mit einbezog, aber über sie hinaus bis in den Graben reichte, so daß dieser um die Enden des neuen Gebäudes herumgeführt wurde.

Fürst Wilhelm Malte I. ließ zwischen 1808 und 1823 den Ort Putbus als klassizistische Residenzstadt und vornehmen Badeort angelegen. Zwischen 1827 und 1833 fanden dann abermals umfangreiche Bauarbeiten am Schloß statt (siehe Abb. 4). Nach Entwürfen des Berliner Architekten Johann Gottfried Steinmeyer wurde vor die Front eine große Säulenhalle mit Dreiecksgiebel gesetzt, das gotische Gebäude abgerissen und ein offener, zum See hin mit großer Säulenstellung abgeschlossener Binnenhof geschaffen. Am 23. Dezember 1865 zerstörte ein Brand weite Teile des Schlosses. Ab 1872 wurde es im Stil der Gründerzeit und unter Verwendung der beim Brand verbliebenen Reste nach Plänen des Berliner Architekten J. Pavelt umgebaut. Bis 1945 wohnte die fürstliche Familie im Schloß.

Abb. 88: Putbus, Schloßpark, Denkmal Malte I.

Abb. 89: Putbus, Schloßpark mit Marstall, Schloßterrasse, Schloßkirche und Denkmal

Durch Belegung mit militärischen Dienststellen während des 2. Weltkrieges und durch mangelhafte Pflege waren bereits in der unmittelbaren Nachkriegszeit umfangreiche Reparaturen notwendig geworden, die durch die kleineren, provisorisch im Schloß untergebrachten Institute nur sehr unvollkommen durchgeführt werden konnten. Auf starkes Drängen der Denkmalpflege, die das Schloß trotz der als beeinträchtigend erachteten Umbauten als den bedeutendsten Profanbau auf der Insel Rügen einstufte, wurde in den 50er Jahren mit der Wiederherstellung des Zustandes von 1830 (Steinmayersche Fassung) begonnen und ebenfalls auf Vorschlag des Landesamtes für Denkmalpflege eine Entkernung und die innere Neugestaltung für eine Nutzung als Hotel und Kulturhaus geplant. Bis 1957 waren die Bauarbeiten soweit fortgeschritten, daß man die als störend empfundenen Zutaten der Zeit von 1865 beseitigt und weite Teile des Daches und der Fassaden instandgesetzt hatte. Eine danach eingetretene und als vorübergehend angesehene Stockung gab bereits zu Gerüchten über einen von staatlicher Seite beabsichtigten Abriß Anlaß, wurde aber mit der Notwendigkeit der Siche-

Abb. 90: Putbus, Schloßterrasse von Süden

rung neuer Mittel begründet und als voraussichtlich nur von kurzer Dauer eingeschätzt.

1960 sprengte man das Schloß (siehe Abb. 8). In späteren Publikationen hieß es immer wieder lakonisch, daß Schloß Putbus wegen erheblicher Bauschäden abgerissen worden sei. Die wahren, im politischen Bereich zu suchenden Gründe für die sinnlose Zerstörung des bedeutenden Baudenkmals werden noch im Detail zu klären sein.

Erhalten blieb der weiträumige Schloßpark mit einer Reihe von zugehörigen Bauten. Nach 1725 entstand vor der Hauptfassade des Schlosses ein barocker Lustgarten. Nach verschiedenen kleineren Umgestaltungen erhielt die Anlage zwischen 1810 und 1825 in etwa ihre heutige Gestalt und wurde 1833 mit der Umwandlung der westlich des Schlosses gelegenen Kuhkoppel zum Tiergarten komplettiert. Vor etwa zehn Jahren begann man damit, den Park entsprechend seiner kulturhistorischen Wertigkeit zu rekonstruieren, um so den Erhalt des bedeutenden Landschaftsparks mit seinem wertvollen dendrologischen Bestand zu sichern.

Die im bzw. am Rande des Areals gelegenen und zum Schloß gehörigen klassizistischen Bauten zeugen noch von der

Abb. 91: Putbus, Schloßpark mit Orangerie
Abb. 92: Ralow, Herrenhaus von Osten

Qualität der Gesamtanlage und machen zugleich den unersetzlichen Verlust des Schlosses, von dessen Standort nur noch die im Verfall befindliche Schloßterrasse kündet, deutlich. Gegenüber der Hauptfassade des Schlosses enthüllte man 1859 ein von Friedrich Drake geschaffenes Standbild Fürst Wilhelm Malte I., das seine Witwe hier aufstellen ließ. Die Schloßkirche wurde 1844/46 nach Plänen von August Stüler und Johann Gottfried Steinmeyer als Kursalon zwischen 1808 und 1823 errichtet und 1891/92 für die kirchliche Nutzung umgebaut. 1821-24 wurde der Marstall erbaut und 1824, angeblich nach Plänen Karl Friedrich Schinkels die bereits 1853 unter Stüler umgestaltete Orangerie. Ferner gehören noch die sogenannte Villa Löwenstein aus der Zeit um 1830/35, ein früheres Gartenhaus und seit mehreren Jahren als

"Café Rosengarten" genutzter Bau, das um 1830 erbaute Affenhaus und das Mitte des 19. Jahrhunderts in neugotischen Formen errichtete Mausoleum zu den erwähnenswerten Gebäuden. Das achteckige Fasanenhaus, im Volksmund Vogelhaus genannt, entstand um 1835, ging aber in den letzten Jahren trotz der beabsichtigten Instandsetzung nahezu vollständig verloren.

Quoltitz

Gemeinde Sagard

Herrenhaus des Ende des 18. Jh. entstandenen Gutes. Krüppelwalmdach, verputzter Backsteinbau auf Feldsteinsockel, Eckquaderung und neubarocke Portalrahmung; um 1800 errichtet, wie das Gut nach 1960 eingestürzt, Substruktionen noch erkennbar, Wüstung.

Abb. 93: Ralow, Herrenhaus mit Park am Kubitzer Bodden von Südosten

Ralow

Gemeinde Dreschvitz

Rügensche Sagen berichten, daß bereits in slawischer Zeit, also vor 1168, eine Familie Raleke oder Ralik die Burg Ralow gegründet und von hier aus Raubzüge unternommen haben soll. Des öfteren werden auch Klaus Störtebeker und die Vitalienbrüder mit der Familie und ihrer Burg in Zusammenhang gebracht. Ebenfalls legendär ist die Eroberung der Burg um 1182 durch Fürst Jaromar I., urkundlich belegt dahingegen der Umstand, daß Ralow vom 13. bis in das 16. Jahrhundert landesherrlicher Besitz war. Danach wechselten mehrfach die Eigentümer und nach wie vor befindet sich das auch in Gedichten von Theobul Kosegarten vorkommende Gut in Privatbesitz und ist nicht zugänglich.

Nachdem noch 1755 Reste eines Erdwalls mit vorgelagertem Graben und 1819 Kellersubstruktionen früherer Burg- bzw. Gutsanlagen beschrieben worden sind, haben sich nur das aus dem 18. Jahrhundert stammende Herrenhaus und ein im 19. Jahrhundert hinzugefügter Bau erhalten. Der Verbindungstrakt zwischen beiden wurde nach 1945 abgerissen.

Abb. 94: Ralow, Südöstliches Parktor

Das ältere Haus ist ein zweigeschossiger verputzter Backsteinbau über rechteckigem Grundriß. Die Fenster und das korbbogige Portal mit der doppelflügligen Tür sind wie das Krüppelwalmdach bauzeitlich.

Den Ostgiebel verblendete man im 19. Jahrhundert mit einem neugotischen Treppengiebel mit spitzbogigen Fenster- und Türöffnungen. Das eingeschossige Nebengebäude, durch größere Geschoßhöhe, die Unterlagerung mit gewölbten Wirtschaftsräumen und ein steileres Satteldach höher als der ältere Bau wirkend, wurde Mitte des 19. Jahrhunderts errichtet und enthält einen Festsaal mit stukkierten Decken und einem Wintergarten.

Nordöstlich der Gutsanlage erstreckt sich bis zum Ufer des Kubitzer Boddens der schmale, verwilderte Gutspark, dessen Baumbestand zum Teil mehrere hundert Jahre alt ist. Bereits 1755 bestand eine Parkanlage. In jenem Jahr hatte man Teile des Burgwalls abgetragen und die Erde teilweise zur künstlichen Erhöhung des Gartens verwendet. Am südöstlichen Rand des Parkes blieb eine Toranlage bestehen. Zwischen zwei verputzten und sich nach oben verjüngenden Pfeilern hängen Reste der ursprünglichen Flügel.

Ralswiek

Wie die Burg Ralow soll auch Ralswiek vor 1168 zu den Verstecken der Familie Raleke gehört haben. Nach der Eroberung der Insel Rügen durch die Dänen wurde der Ort Tafelgut des Bischofs von Roeskilde und Sitz seines örtlichen Vertreters, des Landprobstes. Seit dem Ende des 15. Jahrhunderts war Ralswiek bischöfliches Lehen und befand sich zwischen 1490 und 1500 in der Hand des Henning von Normann. Danach gelangte das Gut an die Familie von Barnekow, bei der es mit einigen Unterbrechungen bis 1632 verblieb. In jenem Jahr wurde der gesamte Besitz der Familie von der schwedischen Krone eingezogen, Ralswiek zunächst an Carl Gustav von Wrangel und von diesem an Graf Königsmark vergeben. Bereits 1690 bekam die Familie von Barnekow ihr Eigentum zurück und behielt das Gut Ralswiek bis zum Verkauf 1891. Neuer Besitzer war der 1886 in den Freiherren- und 1888 in den Grafenstand berufene Hugo Sholto Graf Douglas, ein bedeutender Unternehmer und Politiker aus Aschersleben. 1945 wurde die Gutsanlage enteignet und die beiden Herrenhäuser verschiedenen Nutzungen zugeführt. Das sogenannte "Alte Schloß" bewohnen mehrere Familien, das neue Herrenhaus beherbergte lange ein Altenheim und wird nun vom Deutschen Roten Kreuz als Behindertenheim betrieben.

Das nahe einer Bucht des Jasmunder Boddens gelegene alte eingeschossige Wohnhaus des bischöflichen Gutes war im 16. Jahrhundert umgebaut worden, hatte aber seinen mittelalterlichen Kern erhalten. Um 1890 wurde es abgerissen und etwa zehn Jahre später mit einer freien Kopie des Renaissancegiebels zweigeschossig neu errichtet. Stehen blieb der um 1665 im Auftrag von Wrangel erbaute und sich nördlich an das alte Haus anschließende Erweiterungstrakt. Sein starkes verputztes Backsteinmauerwerk ist mit Feldsteinen durchsetzt und die Gebäudekanten durch eine Eckquaderung betont. Die bauzeitlichen Keller sind kreuzgrat- bzw. tonnengewölbt. Beide unterschiedlich hohen Bauteile wurden mit steilen Satteldächern versehen.

Graf Douglas ließ sich im ansteigenden Gelände über der alten Gutsanlage ein neues, schloßartiges Herrenhaus errichten. Der Berliner Architekt G. Stroh entwarf 1894 die zweigeschossige Anlage in enger Anlehnung an die französische Schloßbaukunst des 16. Jahrhunderts. Der rechteckige Grundriß umschließt einen überdachten Lichthof. Asymmetrisch und schräg ist im Norden ein Speisesaal angefügt. Der rückwärtigen Eingangsfront ist mittig ein hoher, mit welscher Haube bekrönter Turm vorgelagert. Zwei runde Ecktürme mit Kegeldächern flankieren die breitgelagerte und in Blickbe-

Abb. 95: Ralswiek,
"Altes Schloß" von Südosten

Abb. 96: Ralswiek, Neues Herrenhaus von Osten

ziehung zum Bodden stehende Schaufront. Die Mittelachse dieser Fassade
wird durch ein aufwendig gestaltetes
Giebelfeld, einen dem Erdgeschoß vorgelagerten Altan und eine breite Terrasse charakterisiert.

An den beiden Schmalseiten sind ebenfalls Risalite vorgelagert. Hinter dem
südlichen mit der großen Sonnenuhr
verbirgt sich die zweiläufige Podesttreppe, und in den nördlichen ist im
Obergeschoß eine Loggia mit Balkon
eingefügt. Alle Fassaden sind sehr aufwendig in Formen der Neorenaissance
ausgeführt. Bereits 1913 wurde nach
Plänen des Stralsunder Architekten

Franz Juhre für einen Marstall der
zweigeschossige Erweiterungsbau mit
Treppengiebeln an den schräg aus dem
Bau ragenden Bereich errichtet.
Unter Einbeziehung kleinerer Waldbe-
stände und einer bereits um 1800 um-
gestalteten älteren Parkanlage entstand nach 1894 um das neue Herrenhaus ein weiträumiger Landschaftspark mit vielen dendrologisch bedeut-
samen Bäumen.

Ramitz
Gemeinde Thesenvitz

Herrenhaus des wohl im 18. Jahrhundert entstandenen Gutes. Eingeschossi-

Abb. 97: Ralswiek, Neues Herrenhaus von Südwesten

ger verputzter Backsteinbau auf Feldsteinsockel, zweigeschossiger Mittelrisalit mit dreieckigem Frontispiz, ursprünglich aufwendige Putzgliederung, Krüppelwalmdach; um 1800 errichtet, eingreifend verändert.

Ranzow

Gemeinde Lohme

Herrenhaus des wohl im 17. Jahrhundert entstandenen Gutes. Burgartiger Bau auf hohem Feldsteinsockel, südöstlich und südwestlich je ein turmartiger Anbau, steiles Satteldach mit Krüppelwalm und Treppengiebel; Anfang 20. Jahrhundert errichtet, verändert (Siehe Abb. 10).

Reetz

Gemeinde Neuenkirchen

Herrenhaus des wohl im 17. Jahrhundert entstandenen Gutes. Zweigeschossiger verputzter Bau, Mittelrisalit, Frontispiz mit Rundfenster, flaches Satteldach; Mitte 19. Jahrhundert errichtet, verändert.

Reidervitz

Gemeinde Altenkirchen

Herrenhaus des wohl im 17. Jahrhundert entstandenen Gutes. Eingeschossiger verputzter Backsteinbau auf Feldsteinsockel, Putzquaderung, Krüppelwalmdach mit breiter Schleppgaube; Ende 18. Jahrhundert errichtet, verändert.

Abb. 98: Reischvitz, Herrenhaus, Hofseite

Reischvitz

Gemeinde Parchtitz

Über die frühen Besitzer des 1318 erstmals urkundlich erwähnten Ortes gibt
es keine gesicherten Informationen.
Seit dem 15. Jahrhundert gehörte
Reischvitz der Familie von Barnekow,
die hier auch einen Wohnhof besaß.
1783 wurde das Gut an die Familie von
Platen verkauft, in deren Besitz es bis
zur Enteignung 1945 verblieb.

Das aus zwei Teilen bestehende Herrenhaus entstand in den ersten Jahren des
20. Jahrhunderts und hat sich weitgehend unverändert erhalten. Beide im

rechten Winkel zueinander stehenden
und verputzten Bauten sind eingeschossig über Souterraingeschossen errichtet. Das Krüppelwalmdach des mit
der Traufseite zum Hof orientierten
Gebäudes ist an beiden Längsseiten mit
je einem mittigen Zwerchhaus ausgebaut. Ihre durchlaufenden Firste haben
die gleiche Höhe wie der des Haupt-
daches.

Zum gartenseitigen Eingang führt
eine Freitreppe. Das durch einen kleinen Verbindungsbau mit rundbogiger
Eingangstür und darüber liegendem
Ovalfenster angeschlossene giebelstän-
dige Haus wurde ebenfalls unter einem

116

Abb. 99: Renz, Herrenhaus, Hofseite mit Verwalterhaus

Krüppelwalmdach errichtet. An der hofabgewandten Längsseite ist das in ihm befindliche Haupttreppenhaus risalitartig vorgezogen. Ein über zwei Geschosse reichendes rundbogiges Fenster charakterisiert diese Front.

Der gesamte Bau wird von ornamentalen neobarocken Stukkaturen und horizontalen Putzritzungen gegliedert. Besonders aufwendig sind die Eckpilaster und die Giebelfelder der Zwerchhäuser ausgeführt. Zeitgleich und in ähnlicher Gestaltung entstanden die steinernen Pfosten des eisernen Gartenzaunes. Das Rondell vor der Hofseite war ursprünglich mit gußeisernen Pollern umgrenzt.

Westlich schließt sich ein verwildertes Parkareal an das Herrenhaus an. Als englischer Landschaftsgarten konzipiert, ist ein großer Teich als auffälliger Bestandteil integriert gewesen.

Renz
Gemeinde Poseritz

Es läßt sich nicht mehr mit Sicherheit nachweisen, wann das 1314 erstmals erwähnte Dorf in den Besitz der Familie von Kahlden gelangte, die nach 1577 hier ein Adelsgut anlegen ließ. Auch herrscht Unklarheit darüber, ob das Herrenhaus bereits 1582 oder, wie eine alte Wetterfahne besagt, erst 1603 erbaut wurde. Ab 1749 kam es zum häufigen Besitzerwechsel. Um 1870 erfolgte ein Umbau des Herrenhauses, bei dem aber sein Erscheinungsbild bewahrt blieb. Seit der Enteignung 1945 beherbergte es zumeist mehrere Familien.

Der zweigeschossige, 1974 neu und unsachgemäß verputzte Renaissancebau ist über einem hohen, teilweise eingewölbten Kellergeschoß errichtet. An den beiden hofseitigen Gebäudeecken sind halbrunde, über beide Geschosse reichende Erker ausgebildet, wobei der nördliche von einem der beiden kräftigen, abgetreppten Stützpfeiler fast vollständig verdeckt wird. Der Hofseite asymmetrisch vorgelagert ist ein polygonaler Treppenturm mit dem rundbogigen Eingang und der um 1965 modern erneuerten Freitreppe. Sowohl die beiden Erker als auch der Treppenturm waren ursprünglich von Hauben bekrönt, die aber zwischen 1945 und 1958 abgetragen wurden. Die schlichten hochrechteckigen Fenster sind unregelmäßig in die

Fassaden eingefügt und wohl zumindest zum Teil in ihren Formen verändert. Ob das Krüppelwalmdach zum ursprünglichen Bau gehört, darf angezweifelt werden. Es gibt Vermutungen, daß er, ähnlich wie in Boldevitz erhalten, von zwei parallelen Satteldächern mit Doppelgiebeln abgeschlossen war. Sicher ist, daß das Herrenhaus durch die Veränderungen der letzten Jahrzehnte viel von seinem wertvollen Bestand verloren hat. So mußten auch vor einigen Jahren die wohl noch bauzeitlich kreuzgratgewölbten Räume des Erdgeschosses bereits wegen Einsturzgefahr gesperrt werden.

Westlich des Hauses erstreckt sich eine kleine verwilderte Parkanlage, in der historischer Baumbestand erkennbar blieb.

Retelitz
Gemeinde Schaprode

Herrenhaus des wohl im 17. Jahrhundert entstandenen Gutes; nach 1960 abgängig.

Abb. 100: Rosengarten, Herrenhaus, Hofseite

Rosengarten
Gemeinde Garz

Herrenhaus des wohl im 16. Jahrhundert entstandenen Gutes. Eingeschossiger verputzter Backsteinbau, zweigeschossiger Mittelrisalit, Frontispiz mit Zifferblatt, Putzgliederung, bauzeitliche Haustür, Krüppelwalmdach, im Inneren stukkierte Decken und Füllungstüren, im rechten Winkel eingeschossiger verputzter Bau mit breiter Gaube, im Giebeldreieck Lünettenfenster; Anfang 19. Jh. errichtet, verändert.

Ruschvitz
Gemeinde Glowe

Herrenhaus des wohl im 17. Jahrhundert entstandenen Gutes. Eingeschossiger verputzter Bau, Krüppelwalmdach; um 1800 errichtet, eingreifend verändert.

Saalkow
Gemeinde Gustow

Herrenhaus des im 17. Jh. entstandenen Gutes; nach 1960 abgängig, Wüstung.

Salsitz
Gemeinde Lohme

Herrenhaus des im 19. Jahrhundert entstandenen Vorwerkes zum Gut Blandow. Eingeschossiger verputzter Bau auf Feldsteinsockel, Eingangsvorbau, breite Gaube, Krüppelwalmdach; Anfang 19. Jahrhundert errichtet.

Scharpitz
Gemeinde Dreschvitz

Herrenhaus des wohl im 18. Jahrhundert entstandenen Gutes. Eingeschossiger verputzter Bau auf hohem Sockel, Putzgliederung, mittiges Zwerchhaus mit Walmdach, Satteldach; im 19. Jahrhundert errichtet, eingreifend verändert.

Schmacht
Gemeinde Zirkow

Herrenhaus des wohl im 18. Jahrhundert entstandenen Gutes. Eingeschossiger Fachwerkbau auf hohem Feldsteinsockel, reetgedecktes Krüppelwalmdach; um 1800 errichtet.

Abb. 101: Scharpitz, Herrenhaus, Hofseite

Schmantevitz

Gemeinde Breege

Herrenhaus des im frühen 17. Jahrhundert entstandenen Gutes. Eineinhalbgeschossiger Backsteinbau auf hohem Sockel, zweigeschossiger Mittelrisalit mit drei gekoppelten rundbogigen Fenstern im Obergeschoß, Frontispiz mit Rundfenster, vor dem Eingang bauzeitliche Terrasse, flaches Satteldach; Ende 19. Jahrhundert errichtet, eingreifend verändert.

Schwarbe

Gemeinde Altenkirchen

Herrenhaus des wohl im 17. Jahrhundert entstandenen Gutes. Eingeschossiger verputzter Bau, aufwendige Putzgliederung in Resten erhalten, Krüppelwalmdach, rechtwinklig angefügter zweigeschossiger Erweiterungsbau, flaches Satteldach; um 1800 und 1867 errichtet, verändert.

Schweikvitz

Gemeinde Kluis

Herrenhaus des wohl im 14. Jahrhundert entstandenen Gutes. Eingeschossiger verputzter Bau auf Feldsteinsockel, Krüppelwalmdach; Anfang 19. Jahrhundert errichtet, verändert.

Sellentin

Gemeinde Rambin

Herrenhaus des wohl im 19. Jahrhundert entstandenen Gutes. Eingeschossiger Backsteinbau auf Feldsteinsockel, bauzeitliche Haustür, Krüppelwalmdach; im 19. Jahrhundert errichtet, verändert.

Semper

Gemeinde Lietzow

Erstmals 1318 urkundlich erwähnt, gehörte der Ort Ende des 16. Jahrhunderts der Familie von Jasmund, altem rügenschen Adel, der besonders auf der gleichnamigen Halbinsel über großen Grundbesitz verfügte. Möglicherweise gelangte

Abb. 102: Sellentin, Herrenhaus, Hofseite
Abb. 103: Semper, Herrenhaus von Süden

das Rittergut, dessen Existenz seit 1695 belegt ist, mit dem Aussterben der auf Spyker ansässigen Linie derer von Jasmund in den Besitz der Familie von der Osten. Mitte des 18. Jahrhunderts gehörte das Gut der Familie von der Lancken, die es als Beihof zum Gut Borchtitz legte. Noch zu Beginn des 20. Jahrhunderts waren beide Güter, damals in bürger-

lichem Besitz, in einer Hand und erst um 1915 wurde Semper wieder selbständig. In der Folgezeit erneuerte man den Baubestand des Gutes nahezu vollständig. Nach der 1945 erfolgten Enteignung diente das auch als Landhaus bezeichnete Herrenhaus verschiedenen Zwecken. Viele Jahre war es Kulturhaus und Ausbildungsstätte für Kulturfunktionäre des damaligen Bezirkes Rostock. Jetzt im Besitz des Landes Mecklenburg-Vorpommern befindlich, beherbergt es eine Außenstelle der Landespolizei.

Die nach Plänen des Berliner Architekten Georg Steinmetz zwischen 1916 und 1922 entstandene neubarocke Anlage besteht aus dem abseits der Straße liegenden Herrenhaus, einer Gärtnerei mit Orangerie und einigen Wohnhäusern. Das in einen Hang eingefügte L-förmige verputzte Herrenhaus unter ausgebautem Mansarddach ist zwei- bzw. dreigeschossig. Es haben sich nicht nur die bauzeitliche Fassadengestaltung mit der aufgeputzten Eckquaderung und den profilierten Fensterfaschen mit ihren klobigen Schlußsteinen, sondern auch Innenausstattungen wie die Wendeltreppe, Türen und ein Teil der Fenster erhalten. Im nur partiell gärtnerisch gestalteten waldreichen Umgriff des Herrenhauses fallen ein kleiner Pavillon und ein romantisierender Turmstumpf auf.

Serams

Gemeinde Zirkow

Herrenhaus des wohl im 18. Jahrhundert entstandenen Gutes. Eingeschossiger, gegliederter Backsteinbau auf hohem Feldsteinsockel, bauzeitliche Haustür mit Freitreppe, Satteldach; Anfang 20. Jahrhundert errichtet, verändert.

Siggermow

Gemeinde Bergen

Herrenhaus des wohl im 17. Jahrhundert entstandenen Gutes. Eingeschossiger Backsteinbau auf Feldsteinsockel, mittiges Zwerchhaus mit Rundfenster im Giebelfeld, Fensterrahmungen und Gebäudekanten verputzt, Krüppelwalmdach; Ende 19. Jahrhundert errichtet, verändert.

Abb. 104: Silenz, Altes Herrenhaus, Hofseite

Abb. 105: Silenz, Neues Herrenhaus, Hofseite

Silenz

Gemeinde Kluis

Die Familie von Kak gehört zu den ältesten nachweisbaren Eigentümern des 1314 erstmals erwähnten Ortes, der in den folgenden Jahrhunderten unter mehreren Besitzern aufgeteilt war. Erst in der Mitte des 16. Jahrhunderts gelangten alle bäuerlichen Anwesen in die Hand der Familie von Platen, die bereits 1532 drei Wohnhöfe in Silenz besaß. 1694 bestand ein Adelshof neben sieben weiteren Gehöften. Als 1829 die Familie von Berg den Besitz von der Familie von Platen übernahm, waren die Bauernhöfe bereits zugunsten des Gutshofes gelegt worden. Durch Heirat kam das Gut zu Beginn des 20. Jh. an die Familie von Usedom und wurde 1945 enteignet.

Nebeneinander stehend haben sich ein altes und neues Gutshaus erhalten. Der ältere Bau, ein zweigeschossiges Fachwerkhaus mit Krüppelwalmdach und mittigem Zwerchhaus, entstand wohl bereits im 18. Jahrhundert. Um 1800 wurde das eingeschossige neue Gutshaus mit dem Krüppelwalmdach erbaut. Ein breitgelagertes mittleres Zwerchhaus mit dreieckigem Frontispiz und Lünettenfenster betont den Eingang und charakterisiert den über einem Sockel errichteten verputzten Backsteinbau. Die hochrechteckigen Fenster sind mit schmalen Putzfaschen versehen. Eine kleine Freitreppe führt zum Haupteingang. An den beiden Schmalseiten hat man in jüngerer Zeit eingeschossige, flachgedeckte Erweiterungsbauten angefügt.

Westlich des Gutshofes schließt sich ein nur noch in Resten erkennbarer Park an, an dessen Gestaltung ein kleiner Teich, alter Baumbestand und Teile der ursprünglichen Wege erinnern. Im Norden begrenzt die zum Gut führende Lindenallee mit gepflastertem Fahrweg die Parkanlage.

Abb. 106: Sissow, Herrenhaus, Barockportal
Abb. 107: Hofseite

Silmenitz

Gemeinde Groß Schoritz

Herrenhaus des wohl im 16. Jahrhundert entstandenen Gutes. Eingeschossiger, jetzt zum Teil verputzter Backsteinbau, Krüppelwalmdach; im 19. Jahrhundert errichtet, verändert.

Silvitz

Gemeinde Bergen

Herrenhaus des wohl im 17. Jahrhundert entstandenen Gutes. Eingeschossiger verputzter Fachwerkbau auf Feldsteinsockel, Eckrustizierung, mittiges Zwerchhaus, Krüppelwalmdach; Anfang 19. Jahrhundert errichtet, eingreifend verändert.

Sissow

Gemeinde Gustow

Wie viele der rügenschen Ansiedlungen wurde auch Sissow 1314 erstmals urkundlich erwähnt. Zwischen dem 16. und 18. Jahrhundert gehörte der Ort der hier auch lebenden Familie von Rhaden. Nach 1750 erfolgte ein relativ häufiger Besitzerwechsel, unter anderen waren die Familien von Mühlenfels, von Henning und von Barnekow vorübergehend Herren der Gutsanlage und des Dorfes. Anfang des 20. Jahrhunderts befand sich das 1945 enteignete Gut in bürgerlichem Besitz.

Ursprünglich scheint es sich bei dem jetzt von mehreren Familien bewohnten Herrenhaus um einen nur eingeschossigen verputzten Backsteinbau auf Feldsteinsockel und mit Krüppelwalmdach gehandelt zu haben. Möglicherweise erst zu Beginn des 20. Jahrhunderts wurde die Hofseite um ein Geschoß erhöht und das Haus im Inneren umgestaltet.

Ein hoher dreieckiger Frontispiz mit Lünettenfenster dominiert die Hoffront. Dem mittigen Haupteingang setzte man einen halbrunden, von vier Säulen getragenen Altan vor. An der östlichen Giebelseite hat sich mit einem aufwendig gerahmten Nebeneingang noch ein Bauteil erhalten, das wohl aus dem 17. Jahrhundert stammt und auf das vergleichsweise hohe Alter des Herrenhauses hinweist. Trotz seines desolaten Zustandes besticht das kleine Portal durch seine klaren Formen. Die tiefe, segmentbogig geschlossene Laibung wird von zwei Halbsäulen flankiert, die ein kräftiges Gesims und darüber ein von zwei Volutensteinen gerahmtes Feld tragen, in dem sich vermutlich eine Bauinschrift oder ein Wappen befunden hat. An dieser Giebelseite finden sich auch Reste einer Eckrustizierung. An der gartenseitigen Front des Herrenhauses wurden in jüngerer Zeit verschiedene Anbauten errichtet. Die Eingangshalle mit der abgewinkelt ins Obergeschoß führenden Treppe stammt wohl aus der Zeit der Umgestaltung. Auffallend sind der auf profilierten Stützen mit geschnitzten Kopfbändern ruhende Unterzug und ein offener Kamin.

Nur in Resten existiert noch die kleine, sich nördlich an das Herrenhaus anschließende Parkanlage.

Spyker

Gemeinde Glowe

Bereits seit dem 14. Jahrhundert gehörte der Ort, über dessen genaue Entstehungsgeschichte nur wenig bekannt ist, der aber wohl schon immer nur aus einem adligen Wohnhof und den zugehörigen Wirtschaftsgebäuden bestand, der Stralsunder Familie von Culpen oder von Külpen. Angeblich 1435 gelangte Spyker durch Erbschaft an die Familie von Jasmund, die den Besitz in der Folgezeit beträchtlich erweiterte und ihn zur "Herrschaft Spyker" machte. 1649 erlosch dieser Zweig der Familie und die schwedische Krone belehnte den Generalfeldmarschall Carl Gustav von Wrangel, der als Generalgouverneur das im Vertrag von Münster und Osnabrück an Schweden gefallene Vorpommern regierte, mit dem Gut. Wrangel ließ das Herrenhaus umbauen und lebte bis zu seinem Tode 1676 auf Spyker. Danach fiel die vierzig Güter umfassende Herrschaft zunächst an seine jüngere Tochter Hedwig Eleonore Sophie, Gattin des Oberst Ernst Ludwig II. zu Putbus. Nach ihrem Tode übernahm 1687 die Familie der mit Graf Niels von Brahe in Schweden verheirateten älteren Tochter Wrangels die Herrschaft. Nachdem Rügen 1815 an das Königreich Preußen gefallen war, veräußerte die Familie von Brahe den Besitz an das Haus Putbus, bei dem es bis zur Enteignung 1945 verblieb.

Das baugeschichtlich bedeutende Herrenhaus war nach dem 2. Weltkrieg durch unangemessene Nutzung und mangelnde Pflege in seinem Baube-

Abb. 108: Spyker, Herrenhaus von Südwesten

stand gefährdet. Nachdem zunächst Bemühungen, eine Verwendung als Ferienheim zu erreichen, erfolglos blieben, wurden 1958 provisorische Sicherungsarbeiten durchgeführt. 1964 ging das Herrenhaus nach langjähriger Zweckentfremdung und Vernachlässigung in die Hand des Freien Deutschen Gewerkschaftsbundes (FDGB) über, der es in den folgenden Jahren

Abb. 109: Spyker, Herrenhaus, Stuckdecke "Vier Jahreszeiten"
Bacchus als Symbol des Herbstes

zum Ferienheim umbauen ließ. Seit 1990 dient das malerisch gelegene Haus als Hotel und Restaurant. Obwohl durch die zwischen 1965 und 1968 erfolgten Umbauarbeiten weite Teile der originalen Bausubstanz verloren gingen, gilt das Herrenhaus noch heute vielfach als der bedeutendste mittelalterliche Profanbau auf Rügen. Im Auftrag der Familie von Jasmund entstand in der Renaissance durch Um- oder Neubau ein dreigeschossiges "Festes Haus" mit hohem, kreuzgratgewölbten Kellergeschoß über rechteckigem Grundriß. Wrangel ließ den wehrhaften Charakter durch beträchtliche Umbauten und die Anlage eines barokken Parks mildern. Er ließ die rückwärtigen Ecktürme hinzufügen und wie die beiden bereits vorhandenen mit welschen Hauben abdecken. In seinem Auftrag wurde das Satteldach mit den Schaugiebeln und der Treppenturm errichtet. Anläßlich der inneren Umgestaltung kamen die qualitätvollen Stuckdecken von Nils Erikson und Antonius Lohr in das schloßartige Herrenhaus. Unter Malte von Putbus entstanden ein neugotisches Gewändeportal mit dem Wappenmedaillon und eine freitragende hölzerne Wendeltreppe mit verziertem Anlauf und schmiedeeisernem Geländer im außermittig vorgesetzten Treppenturm. Die Ecktürme wurden anstelle der welschen Hauben entsprechend dem Zeitgeschmack mit Austritten und Zinnenkränzen versehen. Die Umbauarbeiten in den 60er Jahren dieses Jahrhunderts brachten gravierende Eingriffe in den Bestand. Die Holzbalkendecken und Fachwerkinnenwände ersetzte man durch massive Bauteile. Der hierdurch erforderliche vorübergehende Ausbau der wertvollen Stuckdecken im Obergeschoß brachte Verluste, die anschließend durch aufwendige Restaurierungen behoben werden mußten. Die bisherige hölzerne Wendeltreppe wurde durch eine massive Podesttreppe ersetzt, das hohe Satteldach in zwei Geschossen mit Gästezimmern ausgebaut und der Außenputz vollständig erneuert. Die Fassaden erhielten eine dem historischen Bestand nachempfundene Gliederung und eine auf archivalische Quellen zurückgehende Farbigkeit. Nachdem drei der Ecktürme bereits 1911 wieder ihre welschen Hauben aufgesetzt bekommen hatten, wurde nun auch die des südöstlichen Turmes rekonstruiert. Viele Zutaten des 19. Jahrhunderts wie die Rundfenster und das Wappen derer von Putbus sind entfernt worden.

Entsprechend den denkmalpflegerischen Vorgaben blieben nur die Außenwände und die als künstlerisch wertvoll eingeschätzten Details wie die vier thematischen Stuckdecken: "Das Parisurteil", "Vier Jahreszeiten", "Vier Elemente" und "Pfauendecke" sowie zwei interessante Innentüren der Renaissance erhalten. Allerdings befinden sich diese Ausstattungen nicht mehr ausnahmslos an ihren ursprünglichen Plätzen, da auch die Hauptgeschoßgrundrisse verändert wurden. Die in den 70er Jahren vorgesehene Rekonstruktion des kleinen Schloßparks kam bisher noch nicht zur Ausführung.

Starrvitz
Gemeinde Dranske

Herrenhaus des wohl im 15. Jahrhundert entstandenen Gutes. Eingeschossiger, jetzt verputzter Backsteinbau, Krüppelwalmdach; Ende 18. Jahrhundert errichtet, eingreifend verändert.

Stedar
Gemeinde Buschvitz

Herrenhaus des wohl im 17. Jahrhundert entstandenen Gutes. Eingeschossi-

Abb. 110: Stedar, Herrenhaus, Hofseite

ger Backsteinbau auf Feldsteinsockel in neugotischen Formen, zweigeschossiger Mittelrisalit, Frontispiz mit Treppengiebel und zwei gekoppelten spitzbogigen Fenstern, Gliederung durch gelbe Klinkersteifen und -rahmungen, Satteldach mit Treppengiebeln; 2. Hälfte 19. Jahrhundert errichtet.

Stönkvitz
Gemeinde Samtens
Herrenhaus des wohl im 17. Jahrhundert entstandenen Gutes; wie dieses nach 1960 abgängig.

Strachlitz
Gemeinde Kasnevitz
Herrenhaus des wohl im 16. Jahrhundert entstandenen Gutes. Eineinhalbgeschossiger Backsteinbau auf hohem Feldsteinsockel, Zahnschnittfries zwischen den Geschossen, auf Kopfbändern auskragendes flaches Satteldach; Ende 19. Jh. errichtet.

Streu
Gemeinde Bergen
Herrenhaus des im 17. Jahrhundert entstandenen Gutes. Eingeschossiger verputzter Bau, Krüppelwalmdach; im 19. Jahrhundert errichtet, verändert.

Streu
Gemeinde Schaprode
Wohl schon seit dem 13. Jahrhundert war die Familie von der Osten hier ansässig. Am Ende des 17. Jahrhunderts gehörte der Ort, der immer nur aus dem großen Gut bestand, einem Mitglied der Familie von Platen. Mitte des 18. Jahrhunderts befand sich Streu nachweisbar im Besitz der Familie von Lotzow, die das Gut aber bald an die Familie von Bohlen veräußerte. Zuletzt in bürgerlichem Besitz, wurde es 1945 enteignet. Das Herrenhaus diente anschließend zunächst mehreren Familien als Wohnung und steht jetzt leer. Terrakottaplatten über dem hofseitigen Haupteingang künden vom Umbau des Herrenhauses, der 1871 im Auftrag

Abb. 111: Streu bei Schaprode, Herrenhaus, Hofseite

*Abb. 112: Streu bei Schaprode, Herrenhaus, Terrakottaplatte an der Gartenseite
(Rücktitel: Terrakottaplatte mit der Baudevise von 1871 über dem hofseitigen Eingang)*

der Familie von Bohlen stattfand. Die auf einer der Platten angeführte Baudevise macht zugleich deutlich, daß der Kern des Hauses älter ist: "Man reißt das Haus nicht ein das Väter fest gebaut. Doch richtet mans sich ein wie mans am liebsten schaut." Es darf vermutet werden, daß anläßlich dieses Umbaus der südliche Teil des ursprünglich eingeschossigen und nur zum Teil unterkellerten Gebäudes um ein bzw. über dem Hauptportal um zwei Geschosse erhöht wurde. Die neogotischen Treppengiebel der Schmalseiten und der vier Frontispize des Mittelbaus entstanden ebenfalls in dieser Zeit. Die segmentbogigen Fenster mit den kleinen stukkierten Wappensteinen der Familie von Bohlen zeugen

ebenso vom gravierenden Umbau des 19. Jahrhunderts wie der Verputz des Hauses. Die Gebäudekanten und die vertikalen Begrenzungen des bündig in den Fassaden sitzenden Mittelteiles sind mit einer kräftigen Putzquaderung versehen. Dahingegen stammt wohl der korbbogige und auch von einer Quaderung gerahmte Haupteingang mit der vorgelagerten Freitreppe und der bis vor wenigen Jahren erhaltenen zweiflügligen barocken Füllungstür noch aus dem Vorgängerbau. Über dem zu einer Terrasse führenden gartenseitigen Eingang ist eine weitere Terrakottaplatte eingelassen, sie stellt reliefartig eine Jagdszene dar. Auf den Stufengiebeln der hof- und gartenseitigen Frontispize künden eiserne Wetterfahnen abermals von den damaligen Besitzern des Herrenhauses, auch sie zeigen das Wappen derer von Bohlen. Derzeit ungenutzt und mit zum Teil vermauerten Fenster- und Türöffnungen, ist das weitere Schicksal des Hauses ungewiß.

Neben der partiell erhaltenen, neubarock angelegten Bepflanzung des Hofraumes, dessen Wirtschaftsgebäude allerdings mit wenigen Ausnahmen abgerissen wurden oder verfallen sind, gibt es westlich des Herrenhauses eine verwilderte Gartenanlage und südlich einen ungepflegten und nach 1945 zum Teil freigeschlagenen Waldpark, in dem ein Teich und Reste von Lindenalleen auf eine planmäßige Anlage schließen lassen. Von der umgrenzenden Feldsteinmauer stehen nur noch Fragmente.

Süllitz
Gemeinde Zirkow

Herrenhaus des 1736 gegründeten Gutes. Eineinhalbgeschossiger Backsteinbau auf Feldsteinsockel, Satteldach; Ende 19. Jahrhundert errichtet, zum Teil verändert.

Swine
Gemeinde Karnitz

Herrenhaus des wohl im 18. Jahrhundert entstandenen Gutes; nach 1960 abgängig.

Tangnitz
Gemeinde Karnitz

Herrenhaus des wohl im 17. Jahrhundert entstandenen Gutes. Eingeschossi-

ger verputzter Backsteinbau, Mittelrisalit, zinnenbekrönte Achtecktürmchen, Satteldach; 1. Hälfte 19. Jahrhundert errichtet, wie das Gut nach 1960 abgängig, Wüstung.

Teschenhagen
Gemeinde Sehlen

Herrenhaus des wohl im 17. Jahrhundert entstandenen Gutes. Eingeschossiger verputzter Backsteinbau auf Feldsteinsockel, zweigeschossiger Mittelrisalit, Frontispiz, Krüppelwalmdach; im 19. Jahrhundert errichtet, eingreifend verändert.

Teschvitz
Gemeinde Gingst

Herrenhaus des wohl im 16. Jahrhundert entstandenen Gutes. Eingeschossiger verputzter Backsteinbau, zweigeschossiger Mittelrisalit, Frontispiz mit Rundfenster, Satteldach; Mitte 19. Jahrhundert errichtet, verändert, ungenutzt, im Verfall.

Tetzitz
Gemeinde Rappin

Als "Thesitze" fand der Ort 1314 erstmals urkundliche Erwähnung. Lehnsherren waren im 15. und 16. Jahrhundert Mitglieder der Familie von Gagern. Bis zum Ende des 17. Jahrhunderts bestanden zwei Edelhöfe mit zwei verschiedenen Besitzern, erst danach erfolgte durch die von Gagern der Zu-

Abb. 113: Tetzitz, Herrenhaus, Raumsituation im Obergeschoß

Abb. 114: Tetzitz, Herrenhaus, Hofseite

sammenschluß zu einem Adelsgut und die Legung der Bauernhöfe zu seinen Gunsten. 1792 erwarb die Familie von Usedom auf Venzvitz den Besitz, verkaufte ihn aber schon bald wieder. In der Folgezeit wechselten die Eigentümer häufig. Zu Beginn des 20. Jahrhunderts kam das Gut in bürgerlichen Besitz und wurde 1945 enteignet. Das Herrenhaus beherbergte danach zunächst achtzehn Familien. Seit dem Auszug der letzten Bewohner vor etwa zwanzig Jahren steht es leer und verfällt.

Einer nicht mehr vorhandenen Inschrifttafel zufolge soll das Herrenhaus 1746 errichtet und 1863 umgebaut und erweitert worden sein. Der eingeschossige, verputzte Backsteinbau unter Krüppelwalmdach erhebt sich über einem Feldsteinsockelgeschoß. Hofseitig ist ein schmaler Mittelrisalit mit dreieckigem Frontispiz vorgelagert. Im In-

neren zeichnen sich neben ihm große vermauerte Ovalfenster des Barockbaus ab. An der nördlichen Schmalseite wurde im 19. Jahrhundert anläßlich der Umgestaltung ein zweieinhalbgeschossiges Treppenhaus mit Satteldach und abgeschlepptem, wohl ursprünglich offenem Treppenlauf angefügt. Die äußere Gestaltung des Herrenhauses ist schlicht und auf eine Putzquaderung des Sockelgeschosses und eine Lisenengliederung beschränkt.

Im Gebäudeinneren haben sich trotz der allgemeinen Vernachlässigung und gewaltsamer Zerstörungen noch eine Reihe von Ausstattungsdetails erhalten. Dazu gehören unter anderem historistische Innentüren mit aufwendig gestalteten Rahmungen, Fenster mit inneren Klappläden, Holzvertäfelungen, vorgefertigte Pappmachéstukkaturen, Dielenböden, textile Wandbespannungen und Kachelöfen. Im Souter-

Abb. 115: Tribbevitz, Herrenhaus, Hofseite

raingeschoß gibt es neben den verschiedenen Wirtschaftsräumen einen tonnengewölbten Keller, der bereits aus dem Vorgängerbau stammen könnte.

Südöstlich schließt sich eine ausgedehnte verwilderte Parkanlage, die von einem Graben umschlossen wird, an das Herrenhaus an. Die Wegekonturen können nur noch in historischen Karten nachgewiesen werden. Erhalten blieb ein Teil der als dendrologisch wertvoll eingeschätzten Bäume, die zum Teil etwa 250 Jahre alt sind. Nur noch in Resten ist die Feldsteintrokkenmauer vorhanden, die wohl ursprünglich das gesamte Guts- und Parkareal umschloß.

Tribberatz

Gemeinde Zirkow

Herrenhaus des wohl im 17. Jahrhundert entstandenen Gutes. Eingeschossi-

ger verputzter Backsteinbau, die Giebelwände in Fachwerkkonstruktion, Krüppelwalmdach; Mitte 19. Jahrhundert errichtet, wie das Gut nach 1960 abgängig.

Tribbevitz

Gemeinde Neuenkirchen

1314 erstmals urkundlich erwähnt, gehörte das Dorf nachweisbar seit 1427 dem rügenschen Adelsgeschlecht von Normann, das sich hier auch einen Wohnhof errichten ließ. Erst 1844 veräußerte die Familie das Gut, das in der Folgezeit noch mehrfach die Eigentümer wechselte. Zuletzt in bürgerlichem Besitz, wurde das Gut 1945 enteignet und verschiedenen Nutzungen zugeführt. Das Herrenhaus wird derzeit noch von einigen Familien bewohnt.

Mit dem 1844 erfolgten Eigentümerwechsel fand offenbar auch eine weit-

Abb. 116: Udars, Herrenhaus, Hofseite

gehende Erneuerung des Baubestandes statt. Das Herrenhaus ist trotz der in den letzten Jahren erfolgten starken Vereinfachungen ein noch immer eindrucksvoller Bau. Im Stil der Neugotik errichtet, besteht er aus drei Flügeln. Die Mittelrisalite und Giebel des eingeschossigen Hauptgebäudes sind ebenso wie die Giebel der sich im rechten Winkel anschließenden und eben-

Abb. 117: Udars, Herrenhaus, Gartenseite mit Wall

falls eingeschossigen beiden Flügelbauten durch Zinnengiebel charakterisiert. Kurze Zwischentrakte verbinden die drei Bauteile miteinander. Ihre Zinnenbekrönung wurde ebenso wie die ursprünglichen Spitzbogenfenster erst vor wenigen Jahren entfernt. Erhalten blieben dahingegen einige der zum Teil sehr kleinen spitzbogigen Öffnungen in den Giebeln. Die Erdgeschoßfenster sind ausnahmslos gravierend in ihrer Art und Größe verändert. Der hofseitige Mitteleingang wurde zugemauert. Im Inneren des Hauptgebäudes finden sich noch das originale Treppenhaus und eine Reihe der bauzeitlichen Türen.

Tribkevitz
Gemeinde Trent
Herrenhaus des wohl im 17. Jahrhundert entstandenen Gutes. Eingeschossiger verputzter Bau auf Sockelgeschoß,

Putzgliederung, bauzeitliche Haustür mit Oberlicht, Krüppelwalmdach; Anfang 19. Jahrhundert errichtet.

Udars
Gemeinde Schaprode
Als Bauerndorf fand Udars 1314 erstmals urkundliche Erwähnung. In den folgenden Jahrhunderten wechselten mehrfach die Eigentümer. Nach der Reformation wurde der Ort Dominialbesitz und 1625 in das Gut Agnesenhof umgewandelt. Der pommersche Herzog Bogislaw XIV. hatte es im Jahr zuvor seiner Gattin Agnes als Witwensitz zugeschrieben. Bereits 1657 ging das Gut in den Besitz der Stralsunder Ratsfamilie von Wolfrad über, die wohl kurz darauf das erhaltene Herrenhaus errichten ließ und bei der es bis 1734/35 verblieb. Nachfolgende Eigentümer waren zunächst Vertreter der Fa-

Abb. 118: Udars, Herrenhaus, Eingang der Hofseite

milie von Usedom auf Kartzitz. Anfang des 20. Jahrhunderts befand sich das Gut in bürgerlichem Besitz. Fritz Kroos, der in den 20er Jahren sehr anspruchsvolle Gutsarbeiterwohnhäuser erbauen ließ, verkaufte Udars 1926 an Karl von Schulz zu Granskevitz. 1935 veräußerte es dieser an die Deutsche Aussiedlungsbank, die hier einen Saatzuchtbetrieb einrichtete, der 1945 enteignet wurde. Im Zuge der Bodenreform siedelte man den Hof auf.

Das stattliche Herrenhaus, in dem sich derzeit noch mehrere Wohnungen befinden, entstand in der 2. Hälfte des 17. Jahrhunderts. Der zweigeschossige Backsteinbau mit eingesprengten Feldsteinen ist verputzt und über einem Keller errichtet. Die hof- und gartenseitigen Fassaden werden durch mittig angeordnete Zwerchhäuser mit Dreiecksgiebeln, deren Satteldächer so hoch wie das Mansarddach sind, betont. Eine Freitreppe führt zum hofseitigen Haupteingang, zwei niedrige apsidiale Nischen flankieren das schlichte, mit einem Oberlicht versehene Portal. In Resten hat sich die alte zweiflügige Haustür erhalten.

Ebenfalls nur fragmentarisch ist der Putz des Herrenhauses vorhanden, es lassen sich aber die ursprünglichen Schmuckelemente ebenso wie Spuren einer blau-gelben Farbfassung erkennen. Die Gebäudekanten sind durch eine aufgeputzte Rustizierung betont und die Fenster von geohrten Putzfaschen gerahmt.

Einige der Kreuzstockfenster stammen wohl noch aus dem 18. Jahrhundert und weisen Beschlägen dieser Zeit auf. Durch ein kräftig profiliertes Gesims sind die Giebeldreiecke vom darunterliegenden Geschoß abgesetzt, zwei darin befindliche kleine Rechteckfenster und ein dazwischenliegendes Fensteroval werden von einem gemeinsamen, in der Mitte rundbogigem Gesims bekrönt.

Im Inneren führen aus der verhältnismäßig schmalen Diele des Erdgeschosses seitlich die Treppen in den Keller und zum Obergeschoß. Durch paarweise angeordnete, rundbogige Durchgänge werden die ansonsten schlichten Anlagen aufgewertet. Das Geländer der Treppe zum Obergeschoß hat sich mit seinen gesägten Brettbalustern erhalten.

Die gesamte Gutsanlage wird von einem ursprünglich rechteckigen, nur noch zum Teil vorhandenen Wall mit äußerem Graben umschlossen. Eine schmale Parkanlage westlich des Herrenhauses entstand, nach dem Alter einiger Bäume zu urteilen, um 1700.

Die doppelreihig auf dem Wall stehenden Roßkastanien säumten einen Ringweg. Der ausgedehnte Laubwaldpark südlich des Gutsareals wurde um 1800 angelegt, inzwischen verändert und ist nahezu vollständig verwildert.

Ummanz-Hof

Gemeinde Ummanz

Herrenhaus des 1634 entstandenen Gutes. Zweieinhalbgeschossiger verputzter Bau, flaches auf geschnitzten Kopfbändern auskragendes Pfettendach; 1889 errichtet, eingreifend verändert.

Unrow

Gemeinde Ummanz

Herrenhaus des wohl im 16. Jahrhundert entstandenen Gutes; 1981 abgebrannt.

Üselitz

Gemeinde Poseritz

1311 erstmals urkundlich erwähnt, befand sich Üselitz in der Mitte des 16. Jahrhunderts in landesherrlichem Besitz und ging 1562 durch Tausch an die Familie von Zuhm. Diese ließ wohl das Gut anlegen und das inzwischen ruinöse Herrenhaus errichten. In der Folgezeit wechselten mehrfach die Eigentümer, unter anderem gehörte es der Familie von Ahnen, dem Hause Putbus und der Familie von Normann. 1706 erwarb die Familie von Langen das Gut, der es bis zur Enteignung 1945 gehörte. Bis in die 60er Jahre bewohnten mehrere Familien das Herrenhaus. Um 1970 stürzte das Dach ein und in den folgenden Jahren wurde das wertvolle Baudenkmal von der Bereitschaftspolizei als Übungsplatz mißbraucht.

Noch lassen sich aber die Grundformen und einige der Details des wohl im 16. Jahrhundert errichteten Herrenhauses erkennen. Der breitgelagerte dreigeschossige und verputzte Backsteinbau mit eingesprengten Feldsteinen ist zum Teil unterkellert und war mit zwei parallelen Satteldächern versehen, denen je zwei nur teilweise erhaltene Dreiecksgiebel an den Schmalseiten entsprachen. Die Geschosse sind durch breite Gesimsbänder voneinan-

Abb. 119: Üselitz, Ruine des Herrenbhauses, Hofseite
Abb. 120: Luftaufnahme von Norden

der abgesetzt. Das asymmetrisch an der Hofseite angeordnete Portal wird von Pilastern und einem Dreiecksgiebel, der ursprünglich ein Wappenrelief enthielt, gerahmt, die segmentbogigen Fenster von schmalen Putzfaschen eingefaßt. Die Fenster des Erdgeschosses sind zusätzlich mit keilförmigen Schlußsteinen versehen. Das aufsteigende Mauerwerk der Außenwände und auch einiger Innenwände steht bisher noch; eingestürzt sind die Zwi-schendecken und auch die Kreuzgratgewölbe des Erdgeschosses, von denen zwei mit reichem Stuckdekor aus der Mitte des 17. Jahrhunderts ausgestattet waren. An zwei Wänden dieser Räume blieben noch Reste vom stukkierten Akanthuswerk und den Vorhangdraperien erkennbar.

Von dem kleinen, völlig verwilderten Park, der sich östlich und nördlich an das Herrenhaus anschloß, sind nur Teile des alten Baumbestandes vorhanden.

Abb. 121: Üselitz, Ruine des Herrenhauses, Räume in der nordöstlichen Gebäudeecke
Abb. 122: Varbelvitz, Herrenhaus, Hofseite

Varbelvitz
Gemeinde Ummanz

Bereits 1289 fand der Ort erstmals urkundliche Erwähnung. Fürst Wizlaw II. tauschte ihn damals gegen zwei andere Dörfer ein. Bis zur Mitte des 18. Jahrhunderts verblieb Varbelvitz in fürstlichem bzw. Dominalbesitz, danach gelangte das Tertialgut an die Familie von Platen. Bereits vor der Mitte des 19. Jh. wechselte abermals der Besitzer. Um 1920 gelangte das Gut an die Familie von Berg und wurde 1945 enteignet.

Das Herrenhaus entstand um 1920 im Auftrag von Magda von Berg, einer geborenen von Kahlden. Der eingeschossige verputzte Backsteinbau mit ausgebautem Mansarddach erhebt sich über einem hochliegenden Kellergeschoß. Hofseitig ist dem villenartigen Bau ein zweigeschossiger Mittelrisalit mit dreieckigem Frontispiz und großem Lünettenfenster vorgelagert. Zu dem hier angeordneten Haupteingang mit dem halbrunden, von schlanken Säulen getragene Altan führt eine geschwungene zweiläufige Freitreppe. Im schmiedeeisernen Geländer befinden sich die Initialen der Bauherrin "M.v.B.".

An den beiden Schmalseiten komplettieren eingeschossige, über polygonalem Grundriß errichtete Anbauten mit flachen Walmdächern das Haus. Der westliche ist als Wintergarten ausgebildet. Die Gebäuderückfront wird durch ein großes Zwerchhaus charakterisiert. Im Inneren haben sich Reste der bauzeitlichen Ausstattung erhalten.

Eine Kastanienallee führt zum Haupteingang des Herrenhauses. Südwestlich des Gutes befand sich ursprünglich eine parkartige Gartenanlage, die im Westen vom Varbelvitzer Bodden begrenzt wurde.

Varnkevitz

Gemeinde Putgarten

Herrenhaus des wohl im 16. Jahrhundert entstandenen Gutes. Um 1890 errichtet und mit Ausnahme des erhaltenen hohen Feldsteinsockels nach 1960 abgerissen und durch Neubau ersetzt.

Varsnevitz

Gemeinde Kluis

Herrenhaus des im 16. Jh. entstandenen Gutes. Eingeschossiger Fachwerkbau mit unverputzten Giebelwänden, Krüppelwalmdach; Anfang 19. Jh. errichtet, wie das Gut nach 1960 abgängig, Wüstung.

Vaschvitz

Gemeinde Trent

Herrenhaus des 1743 als Nebenhof zu Granskevitz entstandenen Gutes. Eingeschossiger verputzter Bau, breite Gaube mit Lünettenfenster im Giebeldreieck, Putzrustizierung, bauzeitliche Haustür, Satteldach mit stehenden Gauben; Anfang 19. Jh. errichtet, verändert.

Veikvitz

Gemeinde Patzig

Herrenhaus des wohl im 17. Jahrhundert entstandenen Gutes; wie dieses nach 1960 abgängig.

Venz

Gemeinde Trent

Früheste bekannte Besitzer des 1486 erstmals erwähnten Gutes waren Mitglieder der Familie von Raleke. Durch Tausch erwarb es 1563 Jürgen von Platen auf Granskevitz, in dessen Familie das Gut bis zur Enteignung 1945 verblieb. Das Herrenhaus beherbergte danach mehrere Familien und zeitweilig auch den Rat der Gemeinde, derzeit steht es leer.

Ende des 16. Jahrhunderts ließ Georg von Platen das noch bestehende zweigeschossige Herrenhaus, einen schlichten verputzten Backsteinbau mit eingesprengten Feldsteinen, über einem gewölbten Kellergeschoß errichten. In der südwestlichen Gebäudeecke des

Abb. 123: Vaschvitz, Herrenhaus, Hofseite

Abb. 124: Venz, Herrenhaus, Hofseite

Neubaus wurde ein wohl mittelalterlicher Wohnturm integriert. Er hat einen quadratischen Grundriß, blieb bis in die Höhe des Obergeschosses stehen und zeichnet sich durch große Wandstärken aus.

Die Schweifgiebel des Satteldaches und die mit ebensolchen Giebeln versehenen Zwerchhäuser entstanden wohl erst Ende des 17. Jahrhunderts. Aus dieser Zeit stammen auch die Fenster und das korbbogige Hauptportal mit der vorgelagerten Freitreppe. Die unregelmäßig eingeordneten Fenster an der Hofseite sind noch ein Teil des Wohnturmes. Der bauzeitliche Putz, der durch eine Eckquaderung und ein breites profiliertes Gesimsband zwischen den beiden Vollgeschossen charakterisiert war, wurde erst vor wenigen Jahren abgeschlagen und durch einen schmucklosen Glattputz ersetzt.

Erhalten haben sich die aufwendigen Gliederungen der Schweifgiebel mit ihren Bekrönungselementen. Im Inneren sind insbesondere im Bereich des mittelalterlichen Wohnturmes ein kreuzgratgewölbter Erdgeschoßraum, sowie eine tonnengewölbte Küche und die aus der Diele ins Obergeschoß führende Treppe mit einem aus Brettbalustern gebildeten Geländer bemerkenswert.

Venzvitz

Gemeinde Poseritz

Herrenhaus des wohl im 17. Jahrhundert entstandenen Gutes. Eingeschossiger verputzter Backsteinbau, mittiges Zwerchhaus; Anfang 19. Jahrhundert errichtet, verändert.

Veyervitz

Gemeinde Wiek

Herrenhaus des Gutes wie dieses nicht mehr vorhanden.

Viervitz

Gemeinde Zirkow

Herrenhaus des wohl im 19. Jahrhundert entstandenen Gutes. Eingeschossiger, jetzt verputzter Bau, reetgedecktes Krüppelwalmdach, alte Haustür; Mitte 19. Jahrhundert errichtet, eingreifend verändert.

Vorwerk

Gemeinde Sagard

Herrenhaus des wohl im 16. Jahrhundert entstandenen Gutes. Eingeschossiger, gegliederter Backsteinbau auf hohem Sockelgeschoß, zweigeschossiger Mittelrisalit mit Eingangsvorbau, Frontispiz mit Zifferblatt einer Uhr, Satteldach; Mitte 19. Jahrhundert errichtet.

Warksow

Gemeinde Gustow

Herrenhaus des wohl im 17. Jahrhundert entstandenen Gutes. Ein- bzw. hofseitig zweigeschossiger verputzter Bau, Krüppelwalmdach; Mitte 18. Jahrhundert errichtet, im 19. Jahrhundert umgebaut, eingreifend verändert.

Wendorf

Gemeinde Garz

Herrenhaus des wohl im 17. Jahrhundert entstandenen Gutes. Eingeschossiger, jetzt verputzter Bau auf Feldsteinsockel, mittiges Zwerchhaus mit Rundfenster im Giebeldreieck, Krüppelwalmdach; im 19. Jh. errichtet, verändert.

Abb 125: Vorwerk, Herrenhaus, Hofseite

146

Abb 126: Woldenitz, Herrenhaus von Sdwesten

Willihof
Gemeinde Parchtitz

Herrenhaus des 1840 entstandenen Vorwerkes zu Gut Reischvitz. Eingeschossiger verputzter Backsteinbau, Krüppelwalmdach; Mitte 18. Jahrhundert errichtet, nach 1960 abgängig.

Wobbanz
Gemeinde Putbus

Herrenhaus des wohl im 18. Jahrhundert entstandenen Gutes. Eingeschossiger Fachwerkbau, Krüppelwalmdach; 1. Hälfte 19. Jahrhundert errichtet, nach 1960 abgängig.

Woldenitz
Gemeinde Wiek

In dem 1318 erstmals urkundlich erwähnten Dorf gab es Mitte des 16. Jahrhunderts zwei Höfe, die damals der Familie von Lancken als Stammsitz des hier ansässigen Zweigs gehörten. 1694 bestand nur noch ein Hof, die übrigen Anwesen des Dorfes waren bereits zugunsten des Gutes gelegt worden. 1893 kam dieses zum Hof Parchow und bildete gemeinsam mit ihm ein Gut. 1945 wurde der bürgerliche Besitzer enteignet und der Ort und das Gutsgelände aufgesiedelt. Erhalten blieb das kleine, aus dem Ende des 18. Jahrhunderts stammende Herrenhaus.

Der eingeschossige Backsteinbau ist über einem Feldsteinsockel errichtet, verputzt und mit einem hohen Krüppelwalmdach versehen. Zu dem an der hofseitigen Fassade mittig angeordneten Eingang führt eine kleine Freitreppe. Die hochrechteckigen Fenster sind regelmäßig eingefügt und werden von schmalen Putzfaschen gerahmt.

Das Gutsgelände war von einer nur noch zum Teil bestehenden Feldstein-Packmauer eingefriedet, die wohl zeit-

Abb. 127: Wulfsberg, Herrenhaus, Hofseite

gleich mit dem Wohnhaus entstand. Östlich schließt sich an das Gut ein kleiner verwilderter Park an.

Wollin

Gemeinde Altenkirchen

Herrenhaus des wohl im 16. Jahrhundert entstandenen Gutes. Eingeschossiger Backsteinbau, Krüppelwalmdach; Anfang 20. Jahrhundert errichtet, eingreifend verändert, ungenutzt, im Verfall.

Wostevitz

Gemeinde Saßnitz

Herrenhaus des wohl im 16. Jahrhundert entstandenen Gutes; nach 1960 abgängig.

Wulfsberg

Gemeinde Poseritz

1379 fand Wulfsberg erstmals urkundliche Erwähnung. Zumindest seit dem 16. Jahrhundert befand sich der Ort in Dominialbesitz. 1838 kamen die seit Jahrhunderten einzigen beiden Bauernhöfe in das Eigentum eines Besitzers und wurden in der Folgezeit zu einem kleinen Gut umgewandelt. 1921 kaufte der Besitzer des Gutes Neparmitz Wulfsberg, ließ die Äcker bewirtschaften und wandelte das kleine Herrenhaus in eine Arbeiterwohnstätte um. Das blieb es dann auch nach der 1945 erfolgten Enteignung.

Das kleine eingeschossige Herrenhaus entstand um 1910. Der verputzte Backsteinbau wurde über einem Feldsteinsockel errichtet und zum Teil unterkel-

Abb. 128: Zicker, Herrenhaus, Hofseite

lert. Sein im oberen Bereich abgewalmtes Mansarddach wird hofseitig durch ein Zwerchhaus mit Knickgiebel charakterisiert. Im Giebelfeld ist ein stehendes Ovalfenster eingefügt. Dem mittigen Eingang, in dem sich die bauzeitliche Tür mit einem feststehenden, rundbogigen Oberlicht erhalten hat, sind ein kleiner Vorbau und eine Freitreppe vorgelagert. Ursprünglich befand sich wohl über den vier Säulen mit den schlichten Wulstkapitellen, die ihr Pendant in Halbsäulen an der Fassade haben, ein Balkon. Die Gebäudekanten werden durch einfache Putzlisenen betont. Völlig schmucklos sind dagegen heute die hochrechteckigen Fenster.

Früher gehörte eine kleine, südöstlich des Herrenhauses gelegene Gartenanlage zum Gut. Eine kurze erhaltene Lindenallee führte vom Herrenhaus zur Chaussee.

Zeiten
Gemeinde Poseritz
Herrenhaus des wohl im 18. Jahrhundert entstandenen Gutes. Eingeschossiger verputzter Bau, bauzeitliche Haustür, Satteldach; Ende 19. Jahrhundert errichtet, eingreifend verändert.

Zicker
Gemeinde Zudar
Das 1318 erstmals urkundlich erwähnte Dorf gehörte als altes Lehngut der Hauptlinie derer von Kahlden. Sie besaßen Zicker bis 1844. Die bäuerlichen Anwesen verschwanden im Verlaufe

des 18. Jahrhunderts, es ist zu vermuten, daß man sie zugunsten des Gutes gelegt hatte. In der Mitte des 19. Jahrhunderts kam dieses kurzfristig in den Besitz der Nebenlinie Kahlden von Normann, ging dann aber wohl bald in bürgerlichen Besitz über und wurde 1945 enteignet.

Das Herrenhaus stammt aus der 2. Hälfte des 19. Jahrhunderts und wurde wohl um 1920 im Auftrag des damaligen Eigentümers Otto Mauritz umgebaut. Der eingeschossige Backsteinbau ist über einem hochliegenden Kellergeschoß auf einer kleinen Anhöhe errichtet und mit einem Satteldach versehen. Die Gartenseite blieb in der bauzeitlichen Ausbildung erhalten. Im dreieckigen Frontispiz des Mittelrisalits finden sich ein rundbogiges gekoppeltes und im Zwickel darüberliegendes rundes Fenster als einzige Zier. Wesentlich aufwendiger gestaltete man die hofseitige Fassade anläßlich des Umbaus. Die vier mittleren Achsen wurden um ein Geschoß erhöht und mit einer Attika

abgeschlossen. Putzlisenen und ein geputztes Traufgesims gliedern die Front. Die hochrechteckigen Erdgeschoßfenster erhielten neubarocke Bekrönungen, wobei die des mittleren Teiles nicht nur aufwendiger gestaltet, sondern zusätzlich mit je einem Tierrelief geschmückt wurden. Eine Terrasse mit steinerner Balustrade ist dem mittleren Teil der Hoffront vorgelagert.

Nordöstlich grenzt an das Herrenhaus ein ursprünglich planmäßig angelegter, jetzt verwilderter Landschaftspark. Eine abfallende Rasenfläche mit Rondell trennt das Wohnhaus vom weiträumigen Wirtschaftshof.

Zirmoisel

Gemeinde Rappin

Herrenhaus des wohl im 16. Jahrhundert entstandenen Gutes. Zweigeschossiger verputzter Backsteinbau, zweigeschossiger Mittelrisalit, Putzrustizierung, korbbogige Haustür mit Oberlicht, Krüppelwalmdach; Mitte des 19. Jahrhunderts errichtet, verändert.

Abb. 129: Zirmoisel, Herrenhaus, Hofseite
Abb. 130: Zubzow, Gutsanlage mit Herrenhaus von Süden

Abb. 131: Zubzow, Herrenhaus, Hofseite von Südwesten

Zubzow

Gemeinde Trent

Als Bauerndorf fand der Ort 1314 erstmals urkundliche Erwähnung. Nachdem Zubzow bereits zwischen 1405 und 1430 der Familie von Platen gehört hatte, erwarb der Zweig von Platen auf Venz das Dorf 1608 und legte wohl im selben Jahr die vier noch vorhandenen Bauernhöfe zugunsten eines Adelsgutes, das zumindest bis ins 19. Jahrhundert in ihrem Besitz verblieb. 1871 wurde an Stelle des schlichten eingeschossigen alten Herrenhauses (siehe Abb. 3) ein Neubau errichtet. Ob das zugleich den Besitzerwechsel des Gutes markiert, kann nur vermutet werden. Anfang des 20. Jahrhunderts gehörte es dann nachweisbar dem Stralsunder Otto Ehrhardt und wenig später seinem Sohn. Im 1945 enteigneten Herrenhaus befinden sich derzeit mehrere Wohnungen.

Das in den Formen der Neorenaissance

errichtete Herrenhaus ist sehr aufwendig gestaltet. Der zweigeschossige verputzte Rechteckbau unter einem Walmdach erhebt sich über einem hohen Sockelgeschoß. An der nordwestlichen Gebäudeecke steht ein dreigeschossiger runder Turm mit vermauertem Belvedere, ein Erker bildet an der hofseitigen Front das gestalterische Pendant. Asymmetrisch ist der Haupteingang, der durch einen Risalit mit Schweifgiebel, portikusartigen Haupteingang, Freitreppe und geschwungener Auffahrtsrampe betont wird, an der Hauptfront angeordnet.

An der Gartenfront rahmen ein Erker und ein schmaler Risalit mit ebenfalls geschweiftem Giebel eine breite Terrasse mit Steinbalustrade und Freitreppe. Bauzeitlich scheint der an die südöstliche Schmalseite angefügte Anbau zu sein, der hofseitig leicht zurückgesetzt und gartenseitig vorgezogen ist. Sein Walmdach schließt an das des Hauptgebäudes an. Alle Gebäudekanten sind mit einer Putzrustizierung versehen, die hochrechteckigen Fenster durch geputzte Faschen gerahmt. Im Dreiecksgiebel des Eingangsrisalits dominiert eine reliefartige Maske.

Erhalten blieben die lindenbestandene Zufahrtsallee und der südöstlich an das Herrenhaus anschließende, ursprünglich klar gestaltete Park mit altem Baumbestand.

Zürkvitz

Gemeinde Wiek

Herrenhaus des wohl im 17. Jahrhundert entstandenen Gutes. Eingeschossiger verputzter Backsteinbau auf Feldsteinsockel, zweigeschossiger Mittelrisalit, Frontispiz mit zwei gekoppelten rundbogigen Fenstern und Zifferblatt einer Uhr, Putzgliederung, über den mit Putzfaschen gerahmten Fenstern Schlußsteine, bauzeitliche Haustür mit Freitreppe, Krüppelwalmdach; Mitte 19. Jahrhundert errichtet.

Abb. 132: Zürkvitz,
Herrenhaus, Hofseite

Literatur

Adamiak, Josef; Schlösser und Gärten in Mecklenburg; Leipzig 1975

Bagmihl, J.T.; Pommersches Wappenbuch, 4 Bde; Stettin 1843 - 1854

Baier, Gerd; Die Gutsanlagen des 17. bis 19. Jahrhunderts in Mecklenburg und Vorpommern als Zeugnisse territorialer, gesellschaftlicher und architektonischer Entwicklungstendenzen. In: Gutsanlagen des 16. bis 19. Jahrhunderts im Ostseeraum - Geschichte und Gegenwart. ICOMOS. Hefte des Deutschen Nationalkomitees II; München o.J.

Biese, Alfred; Putbus, In: Die Insel Rügen, Unser Pommernland 8. Jg., Heft 7/8 (1923), S. 24 ff.

Brockhaus' Konversations=Lexikon; Vierzehnte vollständig neubearbeitete Auflage. Neue revidierte Jubiläums-Ausgabe in 17 Bänden, Leipzig, Berlin und Wien, 1901-1904

Buske, Norbert und Baier, Gerd; Dorfkirchen in der Landeskirche Greifswald; Mit Aufnahmen von Thomas Helms; Berlin 1984

Dähnert, J.C.; Sammlung gemeiner und besonderer Pommerscher und Rügischer Landesurkunden, Gesetze, Privilegien, Verträge, Constitutionen und Ordnungen, 3 Bde; Stralsund 1782-1802

Dehio, Georg; Handbuch der deutschen Kunstdenkmäler. Die Bezirke Neubrandenburg, Rostock, Schwerin; Berlin 1980
-; Denkmale in Mecklenburg. Ihre Erhaltung und Pflege in den Bezirken Rostock, Schwerin und Neubrandenburg, Erarbeitet vom Institut für Denkmalpflege, Arbeitsstelle Schwerin; Weimar 1977

Duncker, Alexander; Die ländlichen Wohnsitze, Schlösser und Residenzen der Ritterschaftlichen Grundbesitzer in der Preußischen Monarchie (16 Bände); Berlin 1852/53 - 1881/83

Ewe, Herbert; Rügen; Rostock 1985

Grümbke, Johann Jacob; Streifzüge durch das Rügenland, hrsg. und bearbeitet von Albrecht Burkhardt (Klassische Reisen); Leipzig 1988
-, Güter-Adreßbuch für die Provinz Pommern (Niekammer's Güter- Adreßbücher, Band I); Leipzig ^{3}1911/ ^{5}1920

Haselberg, E.v.; Die Baudenkmäler des Regierungsbezirkes Stralsund, Heft IV (Kreis Rügen); Stettin 1897

Herfert, Peter; Tausendjähriges Ralswiek, 1990

Hoge, Hermann; Der Berliner Baumeister und Architekt Johann Gottfried Steinmeyer - sein Schaffen auf Rügen im 19. Jahrhundert. In: Küstenbilder. Beiträge zur Heimatgeschichte und zur Denkmalpflege im Bezirk Rostock; 1988

Kiehne, Ernst Georg; Zu Lennés Gartenschöpfungen in den Bezirken Rostock, Schwerin und Neubrandenburg. In: Mitteilungen des Instituts für Denkmalpflege, Arbeitsstelle Schwerin, Heft 33 (1989) S. 773 ff.

Kramm, H.J.; Rügen - Ökonomisch-geographische Exkursionen; Berlin 1966

Krauß, Neidhardt; Zur Baugeschichte pommerscher Schlösser des 19. Jahrhunderts und ihrem Schicksal nach 1945, dargestellt am Beispiel der Schloßbauten des Architekten Friedrich Hitzig. In: Pommern. Geschichte. Kultur. Wissenschaft, Protokollband zum 1. Kolloquium zur Pommerschen Geschichte 13. bis 15. November 1990; Greifswald 1991

Krauß, Neidhardt und Egon Fischer; Unterwegs zu Burgen, Schlössern und Parkanlagen in Vorpommern; Rostock 1991

Lehmann, Heinz; Rügen von Arkona - Zudar; Schwerin 1991

Lenz, Karl; Die Wüstungen der Insel Rügen

(Forschungen zur deutschen Landeskunde, Band 113); Remagen 1958

Lindenblatt, Helmut; Pommern 1945; Leer 1984

Mansfeld, Heinz (Hrsg.); Denkmalpflege in Mecklenburg, Jahrbuch 1951/52; Dresden 1952

-; Mitteilungen des Instituts für Denkmalpflege - Arbeitsstelle Schwerin an die ehrenamtlichen Beauftragten für Denkmalpflege der Bezirke Rostock, Schwerin, Neubrandenburg; Schwerin, Heft 1 (1957) - 33 (1989)

Nernst, Karl; Wanderungen durch Rügen (1797), hrsg. von Kosegarten; Düsseldorf (Dänzer) 1800

Ohle, Walter; Ehemalige Guts- und Herrenhäuser in Mecklenburg. In: Denkmalpflege in Mecklenburg - Jahrbuch 1951/52; Dresden 1952

-; Baugeschichte des Schlosses Putbus, in: Mitteilungen des Instituts für Denkmalpflege, Arbeitsstelle Schwerin, Heft 1 (1957) S. 4-7

Ohle, Walter und Gerd Baier; Die Kunstdenkmale des Kreises Rügen; Leipzig 1963

Petzold, Rudolf; Die Bäderküste Rügens (Unser kleines Wanderheft Nr.79); Leipzig [3]1964

Schäwel, Herbert; Die Durchführung der demokratischen Bodenreform im Kreis Rügen. In: Greifswald-Stralsunder Jahrbuch, Band 3 (1963); S. 107 ff.

Scheffler, Ingo und Heinrich Trost; Rügen - Landschaft und Kultur der Insel; Berlin 1991

Schmidt, Herbert; Auf Mönchgut. In: Die Insel Rügen, Unser Pommernland, Heft 7/8 (1923), S.232 ff.

Schuldt, Ewald; Ur- und frühgeschichtliche

Denkmäler beiderseits großer Straßen; Schwerin 1979

Sieber, Helmut; Schlösser und Herrensitze in Pommern; Frankfurt a.M. [3]1978

Steffen, Wilhelm; Kulturgeschichte von Rügen bis 1815 (Reihe von Forschungen zur pommerschen Geschichte, Heft 5); Köln/Graz 1963

Wächter, Joachim; Die Archive im Vorpommerschen Gebiet und ihr historisches Quellengut. In: Greifswald-Stralsunder Jahrbuch Band 2; Schwerin 1962, S. 145-164

Wehrmann, Martin; Geschichte von Pommern, 2 Bde.; Gotha 1919/1921

Wien, Alfred; Die Insel Rügen, Volksbücher der Erdkunde (Velhagen und Klasings Volksbücher Nr.55); Bielefeld und Leipzig o.J.

Zander, Dieter; Schloß Spyker und seine neue Nutzung. In: Mitteilungen des Instituts für Denkmalpflege. Arbeitsstelle Schwerin, Heft 20 (1971)

Zöllner, Johann Friedrich; Reise durch Pommern, nach der Insel Rügen und einem Theile des Herzogthums Mecklenburg im Jahre 1795; Berlin 1797

Akten aus dem Vorpommerschen Landesarchiv Greifswald:
Rep.38d Boldevitz
Rep.38d Granskevitz Nr. 28, 96
Rep.38d Putbus Nr. 98, 107, 124, 236, 694, 753, 754
Rep.40 III Nr.83, VI. Nr. 46
Rep.44b Nr. 449-469, 697-725, 1955-1992
Rep.65c Nr. 6648, 6740
Rep.230 Nr. 259
Rep.245 Nr. 67

Bildnachweis

Abb. 2-3: aus: Duncker, Alexander; Die ländlichen Wohnsitze, Schlösser und Residenzen der Ritterschaftlichen Grundbesitzer in der Preußischen Monarchie (16 Bände); Berlin 1852/53 - 1881/83

Abb. 8: Landesamt für Denkmalpflege Mecklenburg-Vorpommern/Polenz

Alle weiteren Aufnahmen in diesem Buch: Thomas Helms

Gestaltung: Sabine Bock und Thomas Helms

Die Zusammenstellung der Gutsanlagen erfolgte nach den Güter-Adressbüchern der Provinz Pommern, Leipzig 1911 und 1920, den Meßtischblättern der Preußischen Landesaufnahme 1886, berichtigt und nachgetragen bis 1939, sowie dem Band "Die Kunstdenkmale des Kreises Rügen", erschienen in Leipzig 1963. Die Beschreibungen der erhaltenen Herrenhäuser beruhen auf einer im Herbst 1992 erfolgten Inventarisation. Die Photographien wurden im selben Zeitraum angefertigt.

In Anbetracht der aktuellen Situation ist es von besonderer Bedeutung, einen möglichst großen Kreis Interessierter auf den Bestand der Schlösser und Herrenhäuser und die Problematik ihrer Erhaltung aufmerksam zu machen.

Der Verlag und die Autoren haben sich um Vollständigkeit der Darstellung bemüht. Mit dem Dank an alle einzeln nicht zu Nennenden, die mit ihren Auskünften, Berichten und Informationen dazu beigetragen haben, dieses Buch mit korrekten Aussagen erscheinen zu lassen, sei zugleich ein Dank an all jene ausgesprochen, die nach Erscheinen mit Hinweisen dazu beitragen, Informationslücken zu schließen. Neben den publizierten Quellen, die sich seit dem 18. Jahrhundert mit der Insel Rügen und zumindest am Rande mit dem Thema des vorliegenden Bandes beschäftigen, wurden die im Vorpommerschen Landesarchiv Greifswald erschlossenen Archivalien und Bildmaterial des Landesamtes für Denkmalpflege Mecklenburg-Vorpommern benutzt. Die Ausstellungstexte im Museum des Jagdschlosses Granitz, erarbeitet vom Museologen Martin Klette, der diesen Beitrag auch freundlich beraten hat, wurden den Ausführungen zu diesem Schloß zugrunde gelegt. Im Kreisarchiv Bergen gibt es keinen Altbestand vor 1945. Sicher ist, daß der größte Teil der hier interessierenden Guts- und Familienarchive zu Kriegsende oder in der unmittelbaren Nachkriegszeit verloren ging. Ebenfalls gelangten von den bis 1945 im Provinzialarchiv Stettin archivierten Unterlagen der Behörden auf Kreisebene, wie zum Beispiel der Bauämter, keine Akten in das Vorpommersche Landesarchiv in Greifswald. Es muß vermutet werden, daß auch diese Bestände verloren gingen.

Zu den Autoren

Sabine Bock, geboren 1954 in Ilmenau, Konservatorin. Studium der Architektur in Weimar mit anschließender Promotion zum Dr.-Ing. Seit 1981 in der praktischen Denkmalpflege tätig. Bis 1987 am Institut für Denkmalpflege in Schwerin, seitdem am Bayerischen Landesamt für Denkmalpflege.
Mehrere Veröffentlichungen auf dem Gebiet der Denkmalpflege, Kunst- und Kulturgeschichte.

Norbert Buske, geboren 1936 in Demmin, Studium der Theologie und Kunstgeschichte in Berlin. 1970 Promotion zum Dr. theol. an der Universität Greifswald. Seit 1962 Pfarrer in Levenhagen bei Greifswald. Lehrbeauftragter für Territorialkirchengeschichte an der Ernst-Moritz-Arndt Universität Greifswald seit 1982. Mitglied des Landtages Mecklenburg-Vorpommerns seit Oktober 1991. Zahlreiche Veröffentlichungen zur Kunst-, Kirchen- und Kulturgeschichte Pommerns.

Thomas Helms, geb. 1949 in Schwerin, Photographenmeister, DGPh. Zwischen 1977 und 1988 am Institut für Denkmalpflege in Schwerin, zwischen 1989 und 1992 an der Hochschule für Bildende Künste Hamburg, seitdem freischaffend tätig.
Zahlreiche Veröffentlichungen mit Photographien zur Kunst und Architektur Norddeutschlands.

Verzeichnis der erwähnten Gemeinden und Orte

Gemeinde Altefähr:
Barnkevitz, Goldevitz, Grahlhof, Groß Bandelvitz, Güstrowerhöfen, Jarkvitz, Klein Bandelvitz, Kransdorf, Poppelvitz, Scharpitz

Gemeinde Altenkirchen:
Lanckensburg, Mattchow, Presenke, Reidervitz, Schwarbe, Wollin

Gemeinde Bergen:
Buhlitz, Döllahn, Dumsevitz, Kaiseritz, Neklade, Siggermow, Silvitz, Streu

Gemeinde Binz:
Granitz

Gemeinde Breege:
Juliusruh, Lobkevitz, Schmantevitz

Gemeinde Buschvitz:
Buschvitz, Prisvitz, Stedar

Gemeinde Dranske:
Dranske-Hof, Goos, Lancken, Starrvitz

Gemeinde Dreschvitz:
Bußvitz, Dußvitz, Güttin, Mönkvitz, Ralow

Gemeinde Garz:
Gützlaffshagen, Klein Stubben, Kowall, Rosengarten, Wendorf

Gemeinde Gingst:
Gurtitz, Haidhof, Kapelle, Teschvitz

Gemeinde Glowe:
Kampe, Koosdorf, Ruschvitz, Spyker

Gemeinde Groß Schoritz:
Dumsevitz, Groß Schoritz, Silmenitz

Gemeinde Gustow:
Benz, Drigge, Gustow, Nesebanz, Prosnitz, Saalkow, Sissow, Warksow

Gemeinde Karnitz:
Bietegast, Karnitz, Koldevitz, Swine, Tangnitz

Gemeinde Kasnevitz:
Dumgenevitz, Glowitz, Ketelshagen, Kransevitz, Krimvitz, Neuhof, Strachlitz

Gemeinde Kluis:
Gagern, Pansevitz, Schweikvitz, Silenz, Varsnevitz

Gemeinde Lancken-Granitz:
Dummertevitz, Garftitz, Gobbin

Gemeinde Lietzow:
Borchtitz, Lietzow, Semper

Gemeinde Lohme:
Bisdamitz, Blandow, Poissow, Ranzow, Salsitz

Gemeinde Middelhagen:
Philippshagen

Gemeinde Neuenkirchen:
Breetz, Grubnow, Laase, Lebbin, Liddow, Neuendorf, Reetz, Tribbevitz

Gemeinde Parchtitz:
Boldevitz, Gademow, Neuendorf, Parchtitz, Platvitz, Reischvitz, Willihof

Gemeinde Patzig:
Patzig Hof, Veikvitz

Gemeinde Poseritz:
Datzow, Glutzow Hof, Groß Stubben, Luppath, Mellnitz Neparmitz, Poseritz, Renz, Üselitz, Venzvitz, Wulfsberg, Zeiten

Gemeinde Putbus:
Darsband, Dolgemost, Güstelitz, Nadelitz, Pastitz, Posewald, Putbus, Wobbanz

Gemeinde Putgarten:
Fernlüttkevitz, Varnkevitz

Gemeinde Ralswiek:
Gnies, Jarnitz, Ralswiek

Gemeinde Rambin:
Breesen, Drammendorf, Götemitz, Grabitz, Kasselvitz, Neuendorf, Sellentin

Gemeinde Rappin:
Groß Banzelvitz, Helle, Kartzitz, Moisselbritz, Tetzitz, Zirmoisel

Gemeinde Sagard:
Marlow, Mönkendorf, Neddesitz, Pluckow, Polkvitz, Quoltitz, Vorwerk